世界传世经典阅读吧

尼采的箴言

张秀章　解灵芝　编

吉林人民出版社

图书在版编目(CIP)数据

尼采的箴言 / 张秀章, 解灵芝编. -- 长春：吉林人民出版社, 2012.4
(世界传世经典阅读吧)
ISBN 978-7-206-08748-6

Ⅰ.①尼… Ⅱ.①张… ②解… Ⅲ.①尼采, F.W.(1844~1900) – 箴言 Ⅳ.①B516.47

中国版本图书馆CIP数据核字(2012)第068494号

尼采的箴言
NICAI DE ZHENYAN

编　　者：张秀章　解灵芝	
责任编辑：王　丹	封面设计：七　洱

吉林人民出版社出版 发行(长春市人民大街7548号 邮政编码：130022)
印　　刷：北京市一鑫印务有限公司
开　　本：670mm×950mm　1/16
印　　张：13.5　　　　　　字　数：160千字
标准书号：ISBN 978-7-206-08748-6
版　　次：2012年4月第1版　印　次：2021年8月第2次印刷
定　　价：48.00元

如发现印装质量问题,影响阅读,请与出版社联系调换。

目　录

人生·命运 ……………………………………… 1
心灵·咒语 ……………………………………… 16
平凡·伟大 ……………………………………… 41
哲学·哲理 ……………………………………… 51
道德·修养 ……………………………………… 72
知识·认识 ……………………………………… 122
读书·写作 ……………………………………… 133
学习·成才 ……………………………………… 145
文学·艺术 ……………………………………… 153
自信·自强 ……………………………………… 181
爱情·友情 ……………………………………… 195
婚姻·家庭 ……………………………………… 206
尼采年谱 ………………………………………… 210

人生·命运

人生乃是一面镜子,哪怕随后就离开人世。

《尼采诗选》

最可喜的是能够永远,且真正地活着。

但一般人即使得到"永生",也只不过是"活着"罢了,并未具有特别的意义!

《人性的》

从这个角度去看,我的一生真令人惊讶。为了重新评估各种价值,也许要有超于常人的才能方堪胜任,尤其是那些目前尚未互相矛盾和尚无破坏性对立的才能。保持距离的能力,不至于产生敌对的分隔技术;不掺杂任何东西,亦不调和任何东西;种类繁多却能使其各司其位等——所有的这些乃是我与生俱来的本能，且是我本能长时期秘密的作用和技巧。

它具有极严密的保卫力量，以至于无论何时，对于我内心所成长的东西，我都得不到丝毫的暗示——直到我所有的能力在我不知不觉中臻于成熟，且在某一天完全迸发出来为止。

想不出自己曾经耗费心力于任何事物——在我的生命中没有任何争斗的痕迹，我是一个有着与英雄气质完全相反个性的人。"意欲"某些东西、"追求"某些事物，心中存有"目的"或"欲望"——这一切未曾在我过去的生命中发生过。

今天，我执笔的这一瞬间，我展望自己的未来——就像平静的海面，没有任何希求能骚扰那完全的宁静。我一点也不期望任何东西会不同于它现在的情况，也不希望自己有所改变……

《瞧这个人·聪明》

人类的生命，不能以时间长短来衡量，心中充满爱时，刹那即永恒！

——真的是不能以时间长短来衡量的。

《查拉时代遗稿》

犯罪的类型就是强者在不利环境中的类型——失常的强者。他需要的是旷野——某种更自由、更冒险的自然状态和存在形式，只有这时，强者的一切攻防本能才会恢复其本来面目，他才会适得其所。

《偶像的黄昏》

最沉重的负荷——假如有个恶魔在你十分孤独寂寞的夜晚闯入，且对你说："人生便是你目前或往昔所过的生活，未来仍将不断重演，绝无任何新鲜之处。每一样痛苦、欢乐、念头、叹息，以及生活中许多大大小小无法言传的事情，皆会再度重现。而所有的结局也都一样——同样的月夜、枯树和蜘蛛，同样这个时刻的你我，也是未来那个时刻的你我。存在的永恒沙漏将不断地反复转动，而你在沙漏的眼中，只不过是一粒灰尘罢了！"

那个恶魔竟敢如此胡言乱语，难道你不会忿忿不平地诅咒他？还是，若在以前的话，你也许会回答他："你真是一个神，我从未听过如此神圣的道理！"假如这种想法得逞，那么你就已经被改造，甚至被辗得粉碎。一切的症结在于："你是否想就这样一成不变地因循苟且下去？"这个问题对你是一个重担！

尼采的箴言

是否，你宁愿安于自己和人生的现状，而放弃追求比最后之永恒所认定更强烈的东西呢？

《知识》

即使是最有良心的人，良心的谴责面对这样的情感也是软弱无力的："这个或那个东西是违背社会习俗的。"最强者也害怕旁人的冷眼和轻蔑，他是这些人当中受过教育的，而且是为了这些人才接受教育的。他到底怕什么呢？怕孤立！这个理由把做人和做事的最佳理由打倒了？——我们的群体本性如是说。

《快乐的科学》

人要是放弃了战争，也就放弃了高尚的生活。

《偶像的黄昏》

男人的成熟表现于——当他恢复童年游戏时那种认真的态度。

《彼岸》

我们的心中有着各种不同的人格模式。依据各种情况，我们找出一个最恰当的模式来应付，一旦情况日趋恶化，他才知道自己还有第二种人格，甚至第三种人格。

《变革时代遗稿》

没有哪个胜利者信仰机遇。

《欢乐的科学》

内心深受创伤的人，都具有猎户星座（希腊神话中的人物Orion）的微笑。

《权力》

高高在上的人并不是普通人，他们是一群超人。人类一旦为人所尊崇，他将陷于恐怖的深渊，而不要求什么——除了别人听他的话。

《权利》

虽然处于生存中最为异样、最为严酷的问题中，但是，仍旧肯定生命，为了这种最高的典型思想不惜牺牲，并且欣然地承认那是自己的无尽宝藏。诸如这种对生命的意志——我管它叫迪奥纽索斯。我认为这是通往悲剧性诗人内心的桥梁。这并非要从恐怖以及同情逃脱，也不是因为那是危险的激情想借着它激烈地爆炸，使自己变成清净——亚里士多德如此解释——而是想超越恐怖以及同情，达到生死永远的快乐——这种快乐也包括破坏性的快乐。

《偶像》

名人，比如所有的政治家，无不需要名望。他们择友从来都有私下打算的：从这个人身上获取美德的光辉，从那个人身上拿来某些耳熟能详的个性，从第三者身上窃得"躺着晒太阳"的懒鬼名声——这毛病若偶尔为之并无大碍，会被视为闲散和随便，反而对扬名有益。

名人总是在窥探和物色身边所需要的人，一会儿是幻想家，一会儿是行家里手，一会儿是想入非非者，一会儿是学究。这些人宛如他们的替身，可是未久即被一脚踢开。如此这般，名人的周围便不断出现无人的空白，但同时又有一些人不断蜂拥而至，想变为名人的"个性"。于是，这儿总是熙来攘往，一如通都大邑的繁忙。

就像名人的个性一样，名人的名望是不断变化的，其变化手段要求这种变化，他们一会儿把这种、一会儿把那种真实的或杜撰的个性搬上舞台，当然也希望保留某些固定的、光彩照人的个性，这对于他们的喜剧和舞台表演艺术也是不可或缺的。

《快乐的科学》

人类对于肯定和肩负大地使命的意志，早已消磨殆尽了。不论是哪一个伟人，当他们步入风烛残年时，无不抱怨说自己"白活了一世"！

《尼采的智慧》

在我心中，只有生命为我所爱！

——尤其是我最恨它的时候，也正是我最爱它的时候！

《查拉》

以远古人类的眼光来看今天的人，将会发现，现代人具有某种独具的风格，那便是——"历史的感觉"，这便是现代人所特有的美德，也是现代人所患的一种病症。

就历史而言，这是一种新奇的趋势；对我们而言，这几乎不是什么新的感情问题。因为，历史感依旧是显得如此贫乏与冷酷，并且对一切施予无情的打击。

对某些人而言，他们的历史感却是即将来临、带有老人征候的。在这些人眼中，我们的星球像是一个忧郁的病人，为了忘掉眼前的不适，乃提笔写下他过去的青春时光。事实上，这便是另一个崭新的情感。凡是知道如何将整个人类的历史，当作其自身的历史来看的人，便可能感受到病人的痛苦、老人的怀旧、情人的失去所爱、烈士的献身许国以及英雄暮年时悲喜交织的心境。

而为了忍受这种种的悲伤，我们依旧得打起精神，做个在战斗之后仍能向发明与喜悦欢呼的英雄——仿佛我们就是世纪的分水岭，是过去一切知识高贵美德的继承人；同时也是新贵族阶级的第一人。这些都是我们所未曾梦想过的。

要毅然地承担人类所有的得失，必得将新旧、希望、征服和胜利，放进一个心灵里面——并且蕴含在一种温馨的感觉之中。

如此，便可以达到人类前所未有的幸福——一种无上的愉悦，充满了爱与力、泪和笑。那种愉悦就像黄昏时的夕照，不断地将所有的感觉——充实的、空虚的都注入空茫的大海中！这种神圣不可侵犯的感觉，或许就可称之为——人性。

《知识》

而我们——我们忠实地将天赋的一切承担下来，背负着它越过险峻的高山！当我们汗如雨下时，人们便说："是的，生命是一个非常吃力的重荷！"

然而，也只有人本身才是一个非常吃力的重荷！因为他的肩上扛着太多外来的东西。他有如骆驼般地屈膝下跪，然后让人将重荷置于其上。

尤其是那种强壮足以负重而心怀敬意的人，身上背着更多外来的沉重之名词与价值——故而生命之于他仿佛是一个沙漠！

事实上，许多原本属于我们自己的东西也是很难背负的！人类有许多内在的东西有如牡蛎一般，既滑手又不讨人喜欢——

因此他们必须有一个精致的外壳，以精致的装饰来为自己辩护。我们也得学习这种艺术：要有一个外壳、一个美好的外表以及聪明的盲目！

再者，由于许多的外壳不够美好而楚楚可怜，况且至多也仅只是个壳而已，故而在人类身上往往有许多东西被隐瞒了。我们从未想到自己身上竟然潜藏着如此多的善与力，千里马竟然遇不到伯乐！

尼采的箴言

人是不容易被发现的,尤其最难被自己发现。

《查拉图斯特拉如是说》

或许这就是生命最迷人的地方。用一块镶上金框的面纱遮盖自己的脸庞,面纱里却藏着承诺、反抗、谦恭、讽刺和诱惑——唉!生命犹如一个善变的女人!

《知识》

谁不知道找到通向他的理想的道路,那么,他的生活比无理想的人更轻浮和厚颜无耻。

《善恶彼岸》

生存是什么?生存是——不断地从我们身上排除任何会趋向死亡的东西。

生存是——对即将就木的人、可怜的人和年老的人毫不留情。

《知识》

人们应该与生活相分离,就像尤利西斯与瑙西卡(Nausikaa)相分离，——祝福生活而不是迷恋生活。

《善恶彼岸》

每当人提起"人性"时，往往都把它从自然中分离出来，殊不知"自然"与"人性"本是不可分的一体两面。人类最高贵的灵魂孕育大自然。唯有彻头彻尾自白的人性才是最值得推崇的；唯有孕育在丰饶土地上的人性，才能感动所有灵魂。

《初期论文·荷马的竞技》

猛兽与原始森林并不会损及我们的身体健康，反而会让我们的身体更趋发达。一旦人们会为生活困境而感到苦闷时，那他的内心早已萎靡退化了。向人乞食的狗乃是昔日猛兽退化而成的，那些频频向人卑躬屈膝的人，不也就像那些低声下气向人乞食的动物吗？

《价值变革时代遗稿》

本能。——当房子在燃烧时，人们甚至忘记了吃午饭。——是的，但是，人们在灰烬上补吃午饭。

《善恶彼岸》

生病者应有的认识——即使自己长期处在痛苦和恐惧之中，也不要让自己失去领悟灵性的能力。让自己在病痛中，也能体验出一切事物的真理。——一般而言，当一个人从深谷的孤独和一切义务或习俗的束缚中，突然地解放出来时，将会顿悟更多道理。对于那些长期处在重病之下的患者，由于长期处于恐惧和世间冷暖之间，他们以那种情况观察外界的事物时，往往可以见到一般健康的人所无法见到的情形。他的眼睛能独具慧眼地看透事物，所有能够隐瞒凡人的魔法，都将在他面前化为乌有。不，应该说是一切事物的真相都将赤裸裸地呈现在他的眼前。这不是危险中产生的幻觉，而是一种极大痛苦当中产生的觉醒。这是使他从病魔中解放出来的手段，恐怕也是唯一的手段。

《曙光》

在极端痛苦中，一个灵魂为了承受这份痛苦，将会发出新的生命光辉。就是这股潜在新生命力的发挥，使人们远离在极端痛苦时燃起的自杀念头，让他得以继续活下去。他的心境将别于健康的人。他鄙视世人所认同的价值观，从而发挥昔日所未曾有过的最高贵的爱与情操。这种心境是那些曾体验过地狱烈焰般痛苦的人所独有的。

对他们而言，人世间最大的痛苦，也能受之如饴。他们的灵魂将以这股能耐，抵抗肉体的苦楚——肉体的痛苦更能锻炼他的灵魂……即使是暴君的严刑拷打，也无法阻挡他们追求真理的决心，也无法令他们作出不利的证言。他们甚至可以宽容地来抵抗暴君——那些未曾经历生离死别历练的灵魂，那堪暴君所施予的苦痛，于是他们轻易地产生了厌世的思想。悲观论（Pessimism）之所以会深植在人们的心中，即是因人们无法承受在痛苦时的煎熬，而引起的一种心灵痉挛。

《曙光》

我们以比昔日更具生命欲望的慧眼，再次回顾人类和大自然的关系。你将会更具灵性，即使见到一枚树叶坠地，也可令你发出忧郁的微笑——从而再度体会出人性的另一种光辉。如此，你亦可获得那些曾罹患重症的人，所特有的领悟事物真理的能力，从而自恐惧的深渊中苏醒过来，逃离世俗平庸的看法，对凡事将不再迁怒——你将蜕变成另一个人，对世界更具爱心。这就像是"听一首动人的音乐无法不流泪"一样……

《曙光》

尼采的箴言

我重见圣马科市的鸽子,

广场,清晨,静谧,

柔柔清凉中,我悠然而歌,

歌声宛如鸽的狂热,直冲霄汉,

继而又返回地面,

仅让一首诗悬于鸽的羽翼,

——我的幸福,我的幸福!

你,静静的苍穹,丝绸般闪着蓝光,

庇佑万物,犹如辉煌屋宇。

这建筑实令我爱、惧、妒……

我要将其灵魂侵吞,

还是应将这灵魂奉还?

不,免谈此事吧,神奇而悦目的你啊,

——我的幸福,我的幸福!

你,冷峻的塔楼,雄狮般激昂地

耸入云天,凯旋,轻松自如!

你那深沉的声调响彻广场,

你是不是法语的闭音符?

我立即在你身旁伫立,

我知道,是因为你那丝绸般柔和的强留……

——我的幸福,我的幸福!

音乐,请停止吧!先让阴暗加深,

直至褐色的温馨之夜降临!

乐声响得过早

金色装饰物尚未在玫瑰色的辉煌亮丽中闪耀。

许多时日过去了,

尚有余暇咏诗、蠕行、在落寞中私语

——我的幸福,我的幸福!

《快乐的科学》

心灵·咒语

无论是谁，都有一技之长。而且这一技之长，是只属于他自己的。

有些人很早便发现了自己的特长，并利用特长取得了成功。有些人一辈子都没弄清楚自己究竟有什么本领。

有些人凭借一己之力发现了自己的特长。而有些人则参考世人的反应，不断摸索自己的本领究竟为何。

《人性的，太人性的》

不要用热情来判断一个观点是否为真理。满腔热情，并不能成为它是真理的证据。然而不少人总是心存误解。历史之长、传统悠久也绝不能作为真理的论据。强调这一点的人，极有可能是捏造历史的人，需要多加小心。

《曙光》

向着高处不断努力,绝不会是白费功夫。

也许你感觉自己的努力总是徒劳无功,但不必怀疑,你每天都离顶点更进一步。

今天的你离顶点还遥遥无期。但你通过今天的努力,积蓄了明天勇攀高峰的力量。

《漂泊者及其影子》

我们的喜悦是否对他人有益?

我们的喜悦,是否会让他人的不甘与悲伤增加几分?是否会侮辱到他人?

我们所喜悦的,是否是真正值得喜悦的事?

我们的喜悦,是否建立在他人的不幸与灾难之上?是否满足了复仇心、轻蔑心与歧视心?

《权力意志》

职业是我们生活中的脊柱。没有脊柱,人就无法生存。工作能

尼采的箴言

让我们远离罪恶，能让我们忘却无聊的妄想，还能让我们感受到恰到好处的疲惫，收获相应的报酬。

《人性的，太人性的》

共同生活，美事一桩

一同沉默是美事一桩。

而比这更美妙的是一同微笑。

两人以上共同生活，经历相同的事情与感动，一同流泪，一同欢笑，度过同一段时光。

还有比这更美妙的事吗？

《人性的，太人性的》

聪明些。让心中充满喜悦。

能的话，再贤明些。

让喜悦永驻心中。

因为这才是人生中最重要的事。

《漂泊者及其影子》

在日常工作中，若是能怀着轻快的心灵，工作便会顺利。在进行创造时更是如此。那是能够自由飞翔的心灵，不会被无谓的限制所束缚的、自由的心灵。

轻快的心灵是与生俱来的，最好不要让它萎缩。这样一来，你便会成为能够轻松完成各种事情的人。

然而，你若是清楚自己没有如此轻快的心灵，那就多学习知识、多接触艺术吧。那样你的内心便会逐渐轻快起来了。

《人性的，太人性的》

坚持不懈地登山，仿佛野兽一般。大汗淋漓，专心致志地朝顶峰进发。沿途美景无数，可你一心向着下一座高峰，全然不顾。无论是旅行，还是平日里的工作，专注于一件事中，忘却了其他的一切。如此愚蠢之事时有发生。

比如，在工作时误以为提高销售额才是唯一的目标。可这样一来，工作便失去了原来的意义。

然而，人们总是不断重复着这种愚蠢的行为。心灵没了从容，认为合理的行动才是最重要的，甚至把人性所必需的事物也看作徒劳，最终迷失人生。

尼采的箴言

这类案例不胜枚举。

《漂泊者及其影子》

在自己的日常生活与工作中，无意间回头望去，或是远眺，便能看到群山、森林，抑或是远处的地平线等等。这类稳定的线条，对我们至关重要。

也许那只是看惯了的风景。但风景中稳定的线条，能够为人的心灵带去沉稳、充实、安心与深深的信赖。

我们的本能熟知这一点，所以我们才会重视窗外的风景，也会选择在亲近大自然的地方建别墅。

《人性的，太人性的》

不断追求、求索，可却未能如愿，筋疲力尽。那就试着换个角度看它吧。

无论做什么事情，都会刮起大风阻碍，难以成行。那你就反过来利用风的力量吧。扬起帆，让风为你服务。

《玩笑、欺骗与复仇》

许多人并未看到事物或状况的本质。

他们拘泥于自己对事物的想法与执着,看到的只是自己对状况产生的感情或胡思乱想。

其实,他们只是把事物和状况藏在了自己身后。

《曙光》

反对某项提案的人中,极少是有根有据的。

大多数人反对的,是陈述提案时的口吻与说法,或是说话人的性格与氛围。

只要知道了这一点,自然而然就会明白如何才能让更多人站在你这边。

表现手法、说明方法、琢磨口吻……这些都是技术上的问题。而陈述者的性格、容貌、人品与生活态度等等,则无法用技术来改变。

《人性的,太人性的》

人类的面子,即虚荣心,是个极其复杂的玩意。

比如,也许某人会主动坦白自己的缺点、怪癖或干过的坏事,可那只是虚荣心为了掩饰更加邪恶的部分罢了。

公开什么、掩饰什么会因人而异，这是司空见惯的事。若是能用这样的眼光观察他人与自己，他现在最羞愧的是什么，想要隐藏些什么，又想要炫耀些什么，都能一目了然。

《人性的，太人性的》

客气，不让任何人感到难受，尽可能不给别人添麻烦。从表面上看来，这类人能为周围人着想，拥有公正的品性。

然而，即便他们是出于胆小，也会采取同样的行动。

所以，即便是长处，也要仔细分辨长处的根源是从何而来。

《人性的，太人性的》

胜利者绝不相信偶然，无一例外。

即便他们谦虚地说，自己的成功只是出于偶然。

《快乐的知识》

要同甘，不要共苦。

这样便能交到朋友。

不过嫉妒与自满会让朋友离你远去，请务必小心。

《人性的，太人性的》

多和朋友交谈吧。天南地北。这并非单纯的聊天。自己说的话，就是你想要相信的事。与朋友推心置腹地交谈，就能看清自己究竟在想些什么。

将交谈的对象作为自己的朋友，也代表着自己对那位朋友有所尊敬，对他的人品有所向往。因此，结交好友、多多交谈、相互尊敬、在提高人格的过程中尤为重要。

《查拉图斯特拉如是说》

对自己、对朋友永远诚实。

对敌人心怀勇气。

对败者心存宽容。

在任何时候都礼貌待人。

《曙光》

互为挚友，即保持着这样的关系：

敬重对方多于自己。爱对方乃是理所当然，但一定要更爱自己。

在与对方的交往中，表现出亲密与温柔。但会小心不让自己陷入进退两难的亲密之中。不混淆对方与自己，清楚两者之间的区别。

《各种意见与箴言》

摆出无比亲密的态度，装模作样地与对方套近乎，频繁地联系对方。这都说明他们并不相信自己得到了对方的信赖。

若是相互信赖，便不会依赖亲密的感觉。在外人看来，反而显得有些冷淡。

《人性的，太人性的》

年轻人之所以傲慢自满，是因为他们还一事无成，却与同等水平的家伙为伍，因此显出一副自己无比杰出的模样来。

若是陶醉在甜美的错觉中，浪费年少时的光阴，那损失可就太大了。应当尽快找到依靠真正的实力有所作为的人或是有功劳的人进行交往。

如此一来，以往的自我满足、骄傲自大以及毫无内涵的自觉潇洒与夸大虚荣，都会消失无踪，并清楚地认识到自己现在究竟该做些什么。

《人性的，太人性的》

　　有些人觉得，插手关系亲密之人的私事也无妨。万万不可与此类人相交。他们口口声声说把你当家人看待，实则想要让你受他们的支配与影响。

　　朋友之间切忌混淆，否则友不成友。

《漂泊者及其影子》

　　无需时刻保持敏感。

　　尤其是与人交往时，即便看透了对方的某种行为或想法的动机，也需装出一副迟钝的样子。

　　尽量从善意角度诠释言语。

　　将对方视作贵人，但绝不表现出有所顾虑的样子。保持比对方迟钝的感觉。

　　此乃社交之诀窍，亦是对人的怜恤。

《人性的，太人性的》

会称赞你的人，正是与你相似的人。你也会称赞与自己相似的人。

若非同类，便无法理解其真意，亦不知其善恶。而称赞与自己相似之人，还能令你感到自己也得到了认同。

人有不同的层次。理解与称赞，乃至以迂回形式出现的自我认同，都是在同一层次的人中进行的。

《快乐的知识》

孩童的人际关系，绝不会从生意、利害关系与恋爱开始，一切始于友情。一同玩耍、争吵、安慰、竞争、担忧……种种经历在两人之间构筑起友谊，于是两人便会成为朋友。距离再远，也能保持朋友关系。

保持良好的朋友关系极为重要。因为朋友关系与友情，乃是人际关系的基础。

良好的朋友关系也会成为幸福婚姻的基石。因为，婚姻生活虽是男女之间的特殊关系，其基础亦为培养友谊的才能。

因此，将婚姻不美满的责任推卸给环境或对方的人，只是忘却了自己的责任，大错特错。

《人性的，太人性的》

若是想拥有一条活生生的鱼，就只得亲自出门钓鱼。同理，若是想拥有自己的意见，就必须开动脑筋、挖掘内心，将其转化为语言。

这要比买鱼化石的家伙们强多了。他们觉得拥有自己的意见实在太过麻烦，便花钱购买盒中的化石。所谓化石，便是他人的旧意见。

接着，他们会把买来的意见当成自己的意见。他们的意见毫无生气，也毫无变化可言。不幸的是，这类人在世间比比皆是。

《漂泊者及其影子》

行为符合道德的人，并不一定是道德的人。

也许他只是服从于道德。也许他并无主见，只是为了面子而已。

抑或是因为骄傲自满，也有可能是束手无策，只得放弃，甚至可能是觉得麻烦，才故意选择符合道德的行为。

所以，我们无法将符合道德的行为认定为道德。道德的真假，无法根据行为来判断。

《曙光》

责备某人的人、坚称某人有错的人，这类人其实在无意中暴露了自己的性格。

在第三者看来，尖锐指责他人的人更恶劣，性格也更低劣。因此，过分责骂他人的人，便会被周围人所厌恶。

《曙光》

热的反义词是冷，亮的反义词是暗，大的反义词是小。这是使用相对概念的一种文字游戏。切不可以为现实也是如此。

比如，"热"与"冷"并非对立。这两个词只是为了更直观地表现出自己对某种现象所感的程度差距罢了。

若是误以为现实中也充满对立，小小的麻烦便会成为困难与辛劳，小小的变化便会成为巨大的痛苦，单纯的距离便会导致疏远与决裂。

大多数烦恼，都是因为陷入文字游戏，而在心中产生了不平与不满。

《漂泊者及其影子》

"爱你的邻居。"

话虽如此，可大多数人所爱的并非自己的邻居，而是邻居的邻居，或是住在更远地方的人。

为什么？因为邻居很烦人，一点都不招人喜欢。然而人们自以为爱那些住在远方的人，就是在实践"爱邻居"这句话。

人总会把事情朝对自己有利的方向解释。只要清楚这一点，就能理解正确的主张为何总是难以实现了。

《善恶的彼岸》

蘑菇在潮湿、阴冷、不通风的地方繁衍生息。

同样的事情也会发生在人类组织中。在没有批判之风吹入的封闭空间中，定会有腐败与堕落诞生壮大。

批判并非怀疑与刁钻的意见。批判是一阵风，吹在脸上很凉，但也能使环境干燥，防止邪恶的细菌繁殖。所以，对批判应当来者不拒。

《人性的，太人性的》

沉甸甸的葡萄挂在藤蔓上。一只狐狸想要摘，可葡萄挂在高高的枝头，任它如何跳跃都没能够着。最终，狐狸放弃了。它走之前撂下一句话："长在高处的，肯定是酸葡萄。"

这是《伊索寓言》的第三十二个故事，教育人们不要逞强、不服输。

然而，现实生活中的人，比狐狸更加狡猾。有时他们比其他人更早摘到了饱满的葡萄，可还是到处宣扬："这葡萄可真酸，根本没法吃！"

《漂泊者及其影子》

一言既出，驷马难追。世间将这种态度视作果断，认为这样的人有男子汉气概，判断力强，意志坚定。之后的行为仿佛也是正确的。

然而，请大家仔细想想，坚定实施自己说过的话，不正是一种顽固吗？之后的行为，难道不是隐藏着名誉心与虚荣心吗？

决定是否采取某种行为时，应当从更加理性的视角，来判断这项行为是否真正妥当。

《曙光》

滴水之恩娄涌泉相报。多还给对方的东西，就会成为利息，也能让对方喜悦。你能够告诉对方，以前必须向他借钱的人，现在已经能回报他这么多东西了，他也定会为你感到高兴。

多报答对方，能缓解自己请人帮助时的屈辱感，也会给你带来喜悦。

《漂泊者及其影子》

当你欺骗某人之时，对方便会陷入悲伤。

他并非因为受骗造成的损失而沉陷悲伤，而是因为他已不能同往常一样相信你了。

正因为他想继续相信你，悲伤才会更深。

《善恶的彼岸》

将某件事告诉他人时有个诀窍：如果那件事史无前例，或是会令对方吃惊，那就装作它是众所周知的事，拿出老生常谈的口气说吧。这样一来，对方便能坦然接受。

否则，对方会因为自己的无知而产生自卑，将产生的怒火撒在告知者身上。这样一来，他便无法接受本可以接受的事情。

这条诀窍能大大改变沟通的质量。在共同工作时，这也关乎工作的成败。

《曙光》

不肆意判断他人，不评估他人的价值，不在背后说人闲话。

别老想着他人如何如何。

尽可能少做类似的想象。

这便是好人的证明。

《曙光》

人类与自然。

将两个词如此对立一看，人类与自然仿佛两不相容。

然而，人类其实就包含在自然之中，人类本身是自然的一种。

因此，我们不该侮辱自己所拥有的自然性。它并不会像喜欢强调社会性高尚的人们口中说的那样扭曲人性，也不必为此觉得羞愧，更不会与人性不相容。

我们都是自然，当然会拥有自然的本性。

《快乐的知识》

成功者无论在哪个方面都胜人一筹，运气又好，思维与行动效率极高，好像做什么事都比别人清明。可是他们与普通人无异，也有缺点与弱点。

只是他们并不会将缺点或弱点藏在暗处，而是把它们伪装成长处的一种。这方面，他们要比其他人老练得多。

之所以能做到这一点，是因为他们深知自己的弱点与缺点。大多数人对自己的弱点总是熟视无睹。可成功者总能发现它们，理解它们。这便是他们与他人的不同点。

《漂泊者及其影子》

行事古怪，吸引众人眼球的人，并非具有独创性的人。他们只是想引人注目罢了。具有独创性的人一大特征是，他们拥有一双神奇的眼睛，能够发现摆在大家跟前、却不被众人所察觉、甚至连名字都没有的事物。他们还能为这类事物起个新名字。

只有在事物有了名称之后，人们才能发现它的存在。于是，世界上又诞生了新的部分。

《快乐的知识》

体验的确重要，人会在体验中成长。然而，并不是说你体验得多，就能比别人高出一筹。

体验过后，若是不能仔细思考，体验便会毫无益处。无论你经历过了什么，若是不仔细思考，便无异于囫囵吞枣。这样你无法从体验中尝到任何东西，也无法掌握任何东西。

《漂泊者及其影子》

在竞争中，勉强获胜并不光彩。要赢，就要赢得彻底，而不要以细微差距取胜。

这样一来，对方就不会心有不甘地想，"差点就赢了"，也不会产生自责。不仅如此，他们还会神清气爽，坦然赞许对方的胜利。

令对方出丑的险胜、微妙的赢法、令人遗恨的赢法都不好。这便是赢家的礼仪。

《人性的，太人性的》

人类真是种不可思议的生物，会随意判断行为的"大小"。比如"做了件大事""一件小事也没做成"等等。

还有更不可思议的事情。人类会为自己没有做过的行为而后悔，打从心底里觉得那是件大事。他们后悔，如果当初做了那件事，情况定会发生转变。人们还误以为，自己可以判断做过的与没有做过的行为大小。甚至以为那所谓的"大小"便是真相。

自己所做的小事，对他人来说也许就成了大事，反之亦然。总之，衡量过去行为的价值是毫无意义的。

《曙光》

走在溪流边的小路与桥梁上时，一不小心便会跌落河里，所以路旁、桥上总会装有扶手。其实事故真的发生时，扶手极有可能跟你一块掉下去，并非万全之策。但有了扶手，总能让你安心一些。

父亲、老师、朋友也能带给我们安心与被保护的安全感，就好像扶手一样。即便完全依靠他们，也不一定能摆脱窘境，但他们定会成为我们心灵的支柱。

年轻人尤其需要能在潜意识中发挥扶手作用的人。这并非是因为年轻人太过脆弱，只是为了让他们更好地度过人生。

《人性的，太人性的》

我们会为过失负责，可为什么不为梦想负责？

尼采的箴言

那不是你的梦想吗？那不是你口口声声说想要实现的梦想吗？你的梦想如此不堪一击吗？你的勇气如此不值一提吗？

那难道不是只属于你的梦想吗？如果你打从一开始就不准备为自己的梦想负责，不就永远无法实现梦想了吗？

《曙光》

约定并不仅仅是个人之间的契约。隐藏在约定言语背后的东西，才是约定的真面目。

比如，"明天五点见"这类日常生活中常见的约定。那不仅仅意味着五点进行的商务会面。

两人之间的亲密关系、相互之间的照顾、信赖、持续下去的羁绊、顾虑对方的心意……短短一句约定中包含着种种内容。也可以将其称为人性的誓言。

《曙光》

体验的确重要，人会在体验中成长。然而，并不是说你体验得多，就能比别人高出一筹。

体验过后，若是不能仔细思考，体验便会毫无益处。无论你经历过了什么，若是不仔细思考，便无异于囫囵吞枣。这样你无法从体验中学到任何东西，也无法掌握任何东西。

《漂泊者及其影子》

如果你想真正理解自己的本质，那就请老实回答以下几个问题：

自己真正爱过的究竟是什么？让自己的灵魂升华的究竟是什么？是什么填满自己的心灵，让心中充满愉悦？自己究竟为什么东西入迷过？

只要回答这些问题，便能探明自己的本质。那便是真正的你。

《作为教育家的叔本华》

再高兴些。无论多么微不足道的小事，都要兴高采烈。喜悦会让你神清气爽。还能提高身体免疫力。

不要害羞，不要忍耐，要面带微笑，像个孩子那样，痛快地欢笑。

一高兴，就会忘记无聊琐事，对他人的厌恶与憎恨也会随之淡去。喜悦还会感染周围的人。

喜悦吧，让人生充满欢笑。

喜悦着、欢笑着度过人生。

《查拉图斯特拉如是说》

我们总觉得历史是极其遥远的东西，与我们并无关联，又觉得历史总隐藏在图书馆的旧书之中。

然而，我们每个人都有真真切切的历史。那便是每日的历史。今天自己做了些什么，又是怎么做的，都会成为你历史中的一页。

是畏缩不前，碌碌无为，还是勇猛挑战、花心思比昨天做得更好。每种态度，都会写就属于你的历史。

《快乐的知识》

决不可糊弄自己，自欺欺人。要对自己永远诚实，了解自己究竟是什么人，究竟有着怎样的癖好，拥有怎样的想法，做出怎样的反应。

因为你若不了解自己，就无法将爱感知为爱。为了爱，为了被爱，首先就必须了解自己。连自己都无法了解的人，又如何了解得了对方呢？

《曙光》

"啊，前面已经没有路了。"这么一想，原本存在的前路，也会突然消失不见。

"危险！"这么一想，就失去了安全之处。

"就这么结束吧……"想到这里，你的一只脚就踏进了通往终点的入口。

"怎么办啊……"想到这里，你便会错失最好的处理方法。

总之，胆怯便意味着失败与毁灭。

对手太强，困难太多，状况太差，扭转败局的条件没凑齐……这些都不是你失败的理由。

当你心怀恐惧，变得胆怯时，就等于主动选择了毁灭与败北的道路。

《玩笑、欺骗与复仇》

我们在人生之中经历种种，并根据这些经验判断人生是长是短，是丰富还是贫乏，是充实还是空虚。

然而，我们并没有千里眼，拘束在肉身中的我们能够体验的范围与距离总是有限的。我们的耳朵，无法听见所有声音。我们的双手，也无法触摸到所有东西。

可我们还是会擅自判断事物是大是小、是硬是软，还会擅自对其他生物下判断。人的认识是有极限的，可我们并没有意识到，自己的判断可能出错。这便是人类无法摆脱的宿命。

《曙光》

不快的原因之一，是自己所做之事与其产生的后果没能帮到他人。所以有许多老人郁郁寡欢。而理应讴歌青春年华的年轻人们不悦的原因，是自己还难以成为对社会有用的人。

所以欢乐永驻的诀窍，便是帮助他人，成为对他人有用的人。这样你便会感到自己存在的意义，享受最为纯粹的喜悦。

《人性的，太人性的》

平凡·伟大

怎么回事？一个伟大的人？我总是只看到他自己的理想的演员。

《善恶彼岸》

伟人无不具备反作用力。由于伟人的缘故，所有的历史都被重新置于天平上衡量，往昔成千上万个秘密从历史的隐匿角落爬了出来，进入伟人的阳光下。

谁也无法预测，历史将来会是什么样子。也许，过去的历史基本上还未被发现哩！所以还需要很多这样的反作用力啊！

《快乐的科学》

伟大的人物必然是一个怀疑家，他们具有坚强的意志，能自由地不去确认某些既定的信念。若是他们需要某种信念时，他们并不管世人对此信念是肯定或否定，他们只需要那些没有附带条件的信念，且不对证明其真假感兴趣。坚信某种信念的人，往往只是人群中的少数罢了。所以说"伟大的前提"在于"精神的自由"，也就是对于任何事物都采取不信任的态度。

《权力》

所谓伟大，便是指引他一个正确的方向——硕大的河流并非原来就这么伟大，而是中途汇集了多数支流。是以，越往前水量越大，精神上的伟大也和这相仿。最重要的是在于能够让那些支流有归回自己的向心力，而且要让他们不分天赋的聪愚，都能信服于你自己。

《人性的》

假如一个人在内心没有给自己增添巨痛的力量和意志，他如何能成就伟业呢？人能吃苦，这实在微不足道，连柔弱的妇人乃至奴隶在这方面也有不同凡响的表现。

但是，倘若给自己增添剧痛、听见巨痛的呼号却不被剧痛和不安所毁，这样的人才堪称伟大啊！

《快乐的科学》

所有伟大的东西，总要在远离市场与浮名的地方才会产生。因此，新价值的发明者也多半住在那里。

我的朋友，躲入你的孤独中吧！别与那些小人和可怜虫太过接近。避开他们在暗地里的报复吧！他们一心想要向你报复呢！

千万不要伸手去抵抗他们！他们多得不可胜数，而你并非只是一个蝇拍的角色。

《查拉I》

海德、莱布尼兹、歌德、俾斯麦——这些代表德国特征的人物，他们冲破各种对立的学说，内心充满柔顺的坚强。不论各种信念和主义，都被他们操纵于股掌之间。他们本身在行动中，保有充分的自由。

《权力》

伟人对自己那次等的美德和思虑是残酷无情的。

《快乐的科学》

正午，一个历经人间冷暖的灵魂，处在人生的正午时，无不企

尼采的箴言

求能有一个极其安静的环境——四周一片寂静，所有的声音都远远离去，太阳在正上方照耀着。在肉眼无法见到的森林里，牧神正在草地上安睡。万物与之共眠，牧神脸上流露出祂那永不改变的表情——至少它——这一个灵魂——是这么认为。

它不奢求什么，也不思虑什么，它的心脏早已静止了，只有眼睛依然雪亮——一个睁大眼睛的死人。

这个人看到很多东西，在他眼中所有东西都镶在一面光亮的网里，仿佛埋葬在网子的深处。他感觉无比的幸福，且是他自己无法承受的那种太过奢侈的幸福。

长满树木的森林中，吹起了徐徐的凉风。正午过去了，他又回到真实的生活当中，回到毫无目的的生活中。伴随着生活的有愿望、欺骗、遗忘、享乐、否定和无常等。

傍晚降临，大地吹起了仿佛早晨的凉风，一切活动也渐渐停息——

这一个活动性很强的人，开始想认知自己。病痛和死亡逐渐逼近他，然而他却一点也不恐惧。

《人性的》

一个伟大的人往往遭受排挤、压抑，甚至被人斥为哗众取宠而陷于孤独之中。

《变革时代遗稿》

或许很多人都认为：信念是人类一项伟大的特性。事实上，怀疑、超越道德、放弃世人共同信仰的人，才是伟大的！就像荷马、亚里士多德、雷欧纳德、达文西、歌德等人一样。

《权力》

某一位近代的英国人曾就一位非凡的人生，在一个庸俗不堪的社会中所面临最危险的情形，作了以下的描述——"这种被凡人视为异类的人，他的话一开始总是遭到世人的曲解。他因此闷闷不乐，旋而致病，最后终将抑郁而终。像雪利（Pelcy Bysshe Shelley）这种人很难在英国这个国家活下去。或许雪利这种人是不应该存在这个世界上的。"

我们的海鲁德琳和克莱斯特这些人，恐怕就是因为他们的非凡而不为世人所容，因为他们无法忍受德国人庸俗的教养。只有像贝多芬、歌德、肖邦、华格纳等锻炼得异常坚强的人，才能勉强地了解海鲁德琳和克莱斯的哲学,所以他们的气势磅礴,声音嘹亮。

一位和歌德见过面的外交家,曾说歌德对他们两人的评语是——"那是经历过最大悲剧的人写出来的"他又说他们是"抚慰人类心灵创痛的人"。

以上便是我国"有教养的俗人"歌德——这位最幸福的德国人对他们的评语。

《反时代的Ⅲ》

我们的生活的伟大的时期是这样的时期,即我们获得勇气把我们的恶重新命名为我们的最好的东西。

《善恶彼岸》

唯有倾向于伟人的那些人,才能吸收到文化最清凉的甘露。

《反时代的Ⅲ》

一个民族是本性的迂回,以便走向六七个伟大。——是的,并为了随后围绕他们行走。

《善恶彼岸》

"平凡的假面具"——平凡是灵魂最好的"假面具"了，因为当他们在群众之间，根本不用刻意地去伪装——但为了自己，他不得不戴上这个"假面具"；同时，基于同情和亲切，戴上它才不至于伤害这些平凡人的心。

《人性的》

伟大的人和河流一样迂回而行——

迂回而行，为的只是更接近目标。

这也是他们勇气的最大发挥，

他们并不怕迂回路上的危险。

《酒神颂歌·断章》

歌德不但是对整个德国，甚至对整个欧洲而言，都不应是单一的突发事件，而是一个唯美的文学作家——但是，如果以公共利益的观点而言，他们恐怕会误解他的为人。在他们的眼中，根本无法找到丝毫有利可图的线索，但或许这正是他之所以伟大的原因吧……

《偶像·游击》

尼采的箴言

歌德在思想上的错误——歌德始终认为，非彻底地研究个人能力的极限不可。这种顽固偏狭的观念，竟出自一个伟大的艺术家口中，真令人深感意外。他曾两度认为，他的能力应该是远超乎他现在所拥有的——这真是荒谬。在前半生，他想在文艺上创造一股超越当代价值的作品——这无疑地已让读者失望了；后半生时，他自认为是世界上最伟大的科学家，更是令人捧腹大笑。他当时一定认为，天生他就是要他成为一位"造型艺术家"——这种想法，一直存在他的心中，犹如一项"不可告人"的秘密。这就是为什么他会匆匆忙忙地前往意大利的原因。

深思熟虑的他终于发现，他必须摒除虚伪的幻想，重返令他无法忍受的现实。这种诀别时的感伤，可从他在给达索（Torquato Tasso 法国评论家）的评论中一目了然。文中，歌德流露出他那比死更难过的感伤："一切都完了——与之诀别后，我要如何使自己不致发狂地活下去呢？"——活像一幕悲剧中的独白似地。

歌德一生都误信了这两项不可争的事实，也因而他能写出独步当代的文学作品，他那超现实的诗，融合了造型和自然之美。歌德超越了当时的风格，他不但是一位职业作家，更因为他那不愿当一位德国人的心态，写出了德国有史以来唯一的文学作品。

《人性的》

我认为人类所具有的伟大天性，是对命运的热爱（ammor fati），无论未来、过去或永远，都不应奢望改变任何事物。他不但必须忍受一切事物的必然性，并且没有理由去隐瞒它——你必得爱这项真理……

《瞧这个人·聪明》

像伟大的时代一样，伟人是火药，在他身上聚积着极大的能量；他们产生的必要条件，无论在历史上，还是在心理上一直存在着，在他们来到之前，已经长期积累、聚合、节省、保存着——很长时间没有爆炸。

《偶像的黄昏·天才的远征》

伟人是必然的，他们出现的时代是偶然的；他们几乎总是成为他们时代的大师，这不仅是因为他们是强者，还因为他们是老者，在他们产生之前，力量已经积蓄了很长时间了。

《偶像的黄昏·天才的远征》

尼采的箴言

天才——在他的作品和行为中——必须是一个挥霍者,他的伟大就在于他消耗着自己。

《偶像的黄昏·天才的远征》

历史的推论那条伸缩自如的线到了不能再伸开去的时候,行为到了与人类唤作正确的甚至公正的一切东西相矛盾的时候,历史家们制造了一种"伟大"的补救观念。好像是"伟大"排除了是非的标准。在那个"伟大"的人,没有什么是不对的;一个"伟大"的人不会为了任何残暴行为受责备。

"C'est grand(伟大呀)!"历史家们说道,不再有善存在,也不再有恶存在,只有"伟大"和"不伟大"存在了。"伟大"是好的,"不伟大"是坏的。在他们的想法中,"伟大"是所谓"英雄"的一种特殊动物的特征。于是拿破仑穿着一件暖和的皮外衣逃回家,听凭那些不仅是他的伙伴,而且也是(据他看来)他带去那里的人归于灭亡,却觉得que c'est grand(那是伟大的),而他的灵魂是平安的。

《偶像的黄昏·箴言和箭》

哲学·哲理

我不喜欢让最亲的人在我附近：

让他离开我高飞远行！否则他怎能成为我的明星？

《尼采诗选》

"哲学家"是一种可怕的爆炸物，谁出现在它的面前，都可能饱受威胁——这是脱离康德（Immanuel Kant）的"反刍动物"，其他哲学教授所为它下的定义。包括康德在内的所有哲学家，对它仍无正确的概念。他们这群人的所作所为，皆和哲学家之路背道而驰。

《瞧这个人·反时代的》

对于一般人而言，思想家是没有需要的，他们只需要自己就够了。

尼采的箴言

《人性的》

爱默生（Ralph Waldo Emerson）如此说——"你一定要小心注意，一旦那无所不能的神派遣一位思想家来到我们这个行星时，这个世界将濒临最大的危机。就像在大都市里引燃一场大火，何处才是安全的地方？火势在何处停止？谁都没有把握。谁也不敢断言这个知识的世界，不会在明日被思想家搞得天翻地覆。昔日那些思想界的大师，其地位都将摇摇欲坠，他们将失去昔日那屹立不摇的名声和地位。我想这个'文化的新机轴'将把人类自古以来的努力完全推翻。"

既然这种思想会引起如此大的震撼，何以我们未曾见到那些站在讲坛上的教书匠有过如此的风光呢？道理是极为明显的，这些家伙的思想，犹如树上结了苹果似的，极其平易而自然，都是一些凡人就能领悟的学说。他们的思想，一点也不会引起人们的惊愕，他们的思想绝对无法解开世人思想的枷锁。

对于这些庸碌的家伙，希腊哲学家迪欧凯尼斯（Diogenesho Sinope）为他们下了一个最适当的定义——"他们有哪一点值得我们尊敬呢？他们研究哲学研究了那么久，却还陷在五百里雾中迷失了自己的思想。"

事实上，我真想为那些哲学家和哲学教授刻上墓志铭，写着——"我们都是迷失自己的人"。

当然，如果我真的这么做，不但真理的女神会拍手叫好，连那街坊的老太婆都将同意我的话。就像没有一位男性会把真理的女神当作街坊的老太婆，也没有一个人会把那些坐在那不该得到的宝座上的人当作哲学家！

《反时代的》

哲学的迷误，就在于不把逻辑和理性范畴看成一种手段，用来使世界适应有用的目的（"从原则上说"是有用的伪造），而认为可以在其中找到真理的标准，实在的标准。"真理标准"其实只是这样一种原则上是伪造的体系在生物学上的利用：因为一类动物所知道的最重要的事情只是自保，所以人们在这里就要大谈其"真理"。其天真处就在于把那种以人为中心的怪癖当成衡量事物的尺度，鉴别"实在"与"不实在"的准绳，总之，是把相对性绝对化了。

《权力意志》

尼采的箴言

从隐居者的著述中，我们往往把类似荒野中的回响，当成孤独者的私语，并以满怀畏惧的眼神来观察四周。他最有力量的话语，他那高声疾呼的言论，响彻着包含某种危险的无言沉默。

年复一年地，不分昼夜和他自己的灵魂时而争辩得面红耳赤，时而亲切地私语。在那个洞窟中——那可能是一个迷宫，但说不定那是一个堆满黄金的矿坑——变成有穴的熊、变成寻宝的人、变成看守宝物的人或巨龙。在这个人的观念中，辉映着独特曙光似的色彩。由于长久的隐居，身上发出阵阵发霉的气味，仿佛故意吹起阵阵冷风，好引起来者们的不快似的。

这个隐居者——便是那种哲学家。因为他们往往就是那类的隐居者——任谁也无法想象，他们会把自己的意见写在自己的著作中。

著作不就像是一位企图隐藏自己的人写成的？——或者，这些隐居者往往在完成另一本著作之后，内心中也更加上一层疑惑，而所谓"最后的疑惑"又在何处呢？对哲学家而言，在每一个洞窟的背后，不都有一个更深的洞窟吗？这不已成了真理吗？在那里，是否隐藏着一个更广阔的未知世界？在他引以为傲的著作下，岂不是有一个更深的深渊吗？

这便是哲学家眼中的哲学——这也是隐居者的定义。

一种哲学思想的背后，往往潜伏着另一种哲学思想；每一种意见之下，都深埋着另一个问题；每一句话的背后，总有另一句话。

《彼岸》

在所有具有真正创造力的人们中，本能是强大肯定的力量，而理性则是劝阻者和批评者，可是苏格拉底却不同，在他身上这两者的作用刚好相反：本能是批评者，意识却是创造者。这真是一个怪物！由于缺乏一种神秘的力量，苏格拉底表现为非神秘主义者的完全典型。在苏格拉底身上，逻辑的一面显得特别发达，就像本能的一项在神秘主义者身上所表现的一样。但是，苏格拉底身上逻辑的动力要想对自身转而采取对立的态度，那是完全不可能的。在其无限的奔流中，它表现出一种只有在具有强烈本能的人们身上才能经常发现的根本力量。凡是阅读柏拉图著作时体验到苏格拉底全部处理方式的非常直接性和可靠性的人，一定会感到苏格拉底逻辑思想的巨大转动轮子，似乎这个轮子就在苏格拉底背后转动，而我们透过苏格拉底看到这个轮子就像透过影子一样。

《悲剧的诞生》

所谓哲学家,就是那种专心一意体验凡人不能理解的事物,且耳濡目染、聆听、疑惑、希望、做梦的那群人。

哲学家的那些"奇怪的想法",经常地遭受到外界的拳头攻击,而他们对于外界这些无情的攻击——却处之泰然,仿佛那些不过是鸟鸣一般自然且无可避免。

他们的思潮,犹如雷电交叉般澎湃汹涌!

他们是那种多愁善感,对于任何小事都会咆哮、呻吟、心碎、伤心,相信命运的人。

哲学家——噢!就是常常从自己心中隐居起来,偶尔也害怕自己的人。但是由于他们那股强烈的好奇心,使得他们奋力地追寻自己,重返"自我"。

《彼岸》

真或不真的问题不能靠人来裁决;所有终极问题,所有重大的终极问题都超出人类的理性之外……掌握住理性的界限——这才是真正的哲学。

《反基督》

星星的道德（Moral）——

命运注定要在浩瀚无极的太空。

星星和黑暗又有何关系？

越过这个时代，奔向幸福之地！

也让忧愁掠过我们随风而逝，

我们将高兴见到遥远的另一个世界！

同情对你而言将是一种罪恶！

你只有一个法则——那就是纯洁！

最大的事件和最伟大的思想——事实上最伟大的思想便是最大的事件——将最后为人所理解。同时代的人，无法理解这个思想——他们只会从它的旁边默默地走过。

这情形就像星际的世界一样。那些离我们最远的星球，其光亮将最迟抵达我们这里，有时甚至在那些尚未抵达之前，人类就擅自否定它，否定在那里——还有星星的事实。

"要理解这项精神，还得多少世纪呢？"无论是对精神，抑或是对星星而言，这都是见仁见智的问题。

《彼岸》

然而，哲学家与民众的谦逊是截然相反的，在他们看来，牧师也是"民众"，而非知者，因为他们根本不相信"知者"。怀着这种偏见和信念，他们才对"民众"表示谅解。在希腊，是谦逊发明了"哲学家"这个词，又是谦逊把自称明智的这一华丽的傲慢让给了思想界的这些演员——此乃毕达哥拉斯和柏拉图这类自傲的怪物的谦逊。

《快乐的科学》

在这个世界上有许多肮脏的东西，但是，世界并不因此变成一个不干净的怪物！若不想枯萎于人群之中，就必须学习利用所有的杯子喝水；谁若想在人群中保持清洁；就必须懂得用脏水来擦洗自己。

《查拉Ⅱ 聪明的人》

噢！许多伟大的思想就和风箱没有两样——当其鼓胀时，心里却更空虚。

《查拉Ⅰ 创造者之路》

在这个世界上，有许多臭不可闻的东西，但这里头也隐藏着无限的智慧。厌恶的本身可以创造出双翼和寻求泉源的力量！

即使在最好的东西内，也难免会有许多令人厌恶的杂质。因此，即使是最神圣的人，也有其待克服的地方。

噢！兄弟们。这句"在这个世界上仍有许多肮脏的东西"的话里，隐藏着很高的智慧呢！

《查拉Ⅲ　新旧之板》

连康德（Immanul Kant）都不配被誉为哲学家，因为他缺乏为生活而活的那股冲劲，且充其量不过是一个处在蛹中的人。我之所以会如此刻薄地批评他不配被誉以哲学家之名，是因为他根本不知道什么才是哲学家——哲学家不但是一位伟大的思想家，且更要是一位"真实的人"。对自己与事物之间，提出各式各样的概念或意见，或者是剽窃古人的文章据为己有的人，绝不可能是那种"探索事物之始源的人"吧！而且像这样的人，根本没有"探索事物之始"的眼光，而这些都是身为一位哲学家所必须具备的条件。

《反时代的Ⅲ》

尼采的箴言

人们有时在剧院听到深沉有力的女低音,她给我们拉开帷幕,展示出平时我们不相信的那种可能,于是,我们立马就信了:世界上某些地方存在着具有崇高的、英雄和帝王式的心灵的女人,她们有能力做并准备做义正词严的反驳,做宏伟的抉择和壮丽的自我牺牲;有能力统治并准备统治男人,因为在她们心中,男人最好的东西已超越性别界线而变成她们本身的愿望了。

按照戏剧艺术的意图,这类女低音绝不是要给我们造成这样的概念:似乎这些女人一般只能饰演理想的情郎,比如罗密欧之类的角色。但是,依我的经验判断,戏剧界以及热心期待女低音产生以上效果的音乐家是完全失算的。人们不相信这样的情郎,这声音总是充满母道和家庭主妇的腔调,尤其是当它传达爱意之时。

《快乐的科学》

知识深奥者致力于明晰;当众故作深奥者致力于晦涩,因为众人以为见不到底的东西皆高深莫测,他们胆小如鼠,极不情愿涉水。

《快乐的科学》

A:"你是个败兴的家伙,大伙儿都这么说!"

B："没错！我败每个人结党营私之兴，所以没有一个派别原谅我。"

《快乐的科学》

众人对某人的感激之情达到恬不知耻的程度，某人也就有名望了。

《快乐的科学》

关键要看人们习惯于怎样给自己的生活添加调味品，要看个人的口味，看他是想使力量缓慢增强还是突然增强，是较稳妥地增强还是冒险、鲁莽地增强。人们总是根据自己的性情去寻找调料的。心气高、傲气足的人对轻松得来的战利品不屑一顾，引起他们快感的是那些有可能成为他们敌人的不屈不挠者，还有那些难于征服的东西。他们对受苦的人常常苛刻嘲笑，因为这类人不值得他们下力气，也不值得自傲；而对与之相颉颃的人，他们反而彬彬有礼，如遇适当时机，说不定要同他们展开一场荣耀的战斗角逐哩。怀着如此良好的情愫，骑士阶层的人惯于在互相间过分地讲礼貌。只有那些自尊心萎靡、也不可能征服别人的人才觉得同情是最愉快的情感，

尼采的箴言

轻易得来的战利品是大喜过望的东西,每个受苦者莫不如此。

《快乐的科学》

人一直在接受本人错误意识的教育。第一,他看自己总是不完美;第二,他给自己附加臆造的个性;第三,与动物和大自然的关系方面,他觉得自己处在一个错误的地位;第四,他总是创造新的财富,并且在一个时期内认为这财富是永恒的、必需的。这样,占首要地位的,一会儿是这个欲望,一会儿是那个欲望,而且因为他的看重,这些欲望全都变得高尚起来。

我们若是无视这四种错误所造成的后果,我们也就无视人道、人性和"人的尊严"了。

《快乐的科学》

要破坏一件事,最刁钻的办法是:故意用歪理为这事辩护。

《快乐的科学》

究竟什么是人的真理?——不可驳倒的谬误便是。

《快乐的科学》

对于思想者和具有创作天才的人而言，无聊是一种不愉快的"平静"，但却也是通往快乐之途的前导。他必须忍受它，必须等待它可能带来的影响——这是缺乏此中热情的人所无法体验的！

想驱走无聊是十分平常的，就像人们对一些毫无乐趣的工作，早已司空见惯似的。就这点而言，亚洲人是在欧洲人之上的，因为他们较能做到沉着稳重，就连麻醉剂对他们的作用，都是缓慢而需要相当的耐心。这与作用突然而令人不愉快的欧洲人的烈酒大不相同！

《知识》

谁在执行火刑的柴堆上还欢呼，谁就没有战胜疼痛，而是因为这样的事实：在他期待疼痛的地方不感觉到疼痛。一个比喻。

《善恶彼岸》

虽然德国人至今仍默默无闻，但终有一天他们将会大放光芒。今天他们依然没有所谓的文化——因为直到今天，别人不曾施予他们任何文化！——他们至今一无所有，然而从另一个角度来看，他们将拥有最多的东西。如果问他们将何去何从，我可以说，任何一个门都会为他们而开。

《权力》

对脏物的厌恶会是如此大,以至于它阻止我们使我们清洁,——为我们"辩护"。

《善恶彼岸》

舆论——是个人不假思索的盲从。

《人性的》

一个罪犯的律师很少够得上艺人,以便把行为之美妙的可怕的东西转变成有利于犯罪者。

《善恶彼岸》

思想家在感受他的思想所产生的影响时,在感受他的思想改变和震撼人心的威力时,这感受方式几乎是滑稽的,其中还有所顾虑:怕受其影响的人内心受到伤害,怕他们会用各种不当的手段来表达其独立自主的精神受到威胁。要形成一种有礼貌的感激习俗,需要整整一代人的努力，嗣后，思想和天才一类东西进入感激情素中的那个时刻才会到来。届时，会出现一个接受感恩的伟人，他不仅因为自己做了好事而受感戴，更主要因为他的先辈们日久天长累积下那个至高至善的"宝物"而受感戴。

《快乐的科学》

人必须学会尊敬，就像必须学会轻蔑一样。凡是走上新的生活轨道并把许多人带上新的生活轨道的人，无不惊异地发现，这些被带上新轨道的人在表达感激之情的时候是多么的笨拙和贫乏，更有甚者，连单单把这谢意表达出来的能力也不常有。每当他们说话，便似骨鲠在喉，嗯嗯啊啊一番就复归平静了。

《快乐的科学》

在和平的情况下，好战的人攻击他自己。

《善恶彼岸》

请相信我！最重大的事，不是最喧哗的，而是最静默的时刻。

这个世界不会绕着发明新噪音者旋转，而是绕着发明新价值者……默默地旋转。

《查拉Ⅱ 大事件》

我们是否能满足于现有的自己，并非今天所要追求的主题。而我们为了什么事感到自满，却是生存于世的重点所在。

当我们在某一瞬间脱口说出"善哉"时，我们并非只是对自己，而是对所有的事物都感到"满意"。不论是我们或任何的事物，都不可能是单独存在的。

一旦有一天，我们对于能唤醒灵魂的思想感到满意而共鸣，并脱口说出"好"时——在这一瞬间，我们将因而得救。如果我们能够永远地感到"满意"，那和圣者又有何不同呢？

《权利》

处于和平事态之下，充满战斗性的人，往往会袭击自己。

《彼岸》

唉……这个可怜的人兽啊！当他野兽似的行为，只要稍微被阻挠时，人类就会想到什么呢？毫无疑问的，将立即使观念的兽性爆炸开来，以致使一切显得违反自然。

《系谱》

所有活着的人，四周总需有一种特殊的气氛、一种神秘的云雾。"从未有过幻想的人，是无法创造出事物来的。"汉斯·沙克斯（纽伦堡的鞋匠，也是一位最伟大的诗人）在"辛格勒先生"（华格纳的歌剧）中如此说。

《反时代的》

小心提防那些学者！他们对你不怀好意，因为他们自己无法创造！在他们那冷漠干枯的眼神中，每只鸟都没有羽毛。

那些人都自夸诚实不欺。但是，"没有能力说谎"和"爱好真理"是完全不同的。千万要小心！

从脱离昏迷状态到清醒尚且遥远！我不相信那些冷漠的心灵。事实上，不会说谎的人也不懂得什么才是真理。

《查拉Ⅳ 高等的人》

抗议和无理取闹的猜疑，或有嘲弄癖好的人——是健康的。那

尼采的箴言

些无条件接受所有事物的人，是有病的。

《彼岸》

最轻蔑人类的人，即是人类最大的恩人。

《查拉时代遗稿》

一切的现象、一切的运动、一切的成长，都是一种和权势脱离不了关系的历程，换句话说，那便是一种作战。

《权力》

在海中死于口渴，这是可怕的。你们难道一定要同样地给你们的真理如此加盐，以至于它不再止渴？

《善恶彼岸》

一个灵魂，它知道自己被爱，但不爱自己，这个灵魂泄露了它的沉渣——它的残渣泛上来了。

《善恶彼岸》

以下将介绍一种方法——随着年轻的灵魂问："至今为止，你最钟爱的是什么？接受你那彷徨灵魂的又是什么？充满了你的心灵，让你感到无比幸福的又是什么？"你若以真诚的灵魂回顾过去，一定可以找出解答。

《善恶彼岸》

一件获得澄清的事情不再涉及我们，——那个劝告"认识你自己"的神指的是什么。也许这叫作："不再涉及你！成为客观的"——和苏格拉底——和"科学的人"？

《善恶彼岸》

你相信什么？——一切事物的价值都必须重新评估。

《知识》

我们之所以会对当今被反击的体制有兴趣，仅因为它涉及了人格，而这也正是它之所以不为人接受的原因。事实上，三句闲话便可塑造一个人的人格。

《悲剧时代的哲学》

高贵的标识——我无法想象要一个人去承担所有人的义务。

不要存心放弃自己的责任，更别妄想将它推卸给别人。

认识自己的特权，将之归纳于义务的范围里来行使。

《彼岸》

借助于音乐，激情本身在享受自己。

《善恶彼岸》

采取行动的人没有良心，也没有知识。这是歌德所说的（《箴言与反省》二四一节）。因为，他们将会为了实行某一个行动而摒弃其他的真理，因此所有的行动者，往往高估了该事真正的存在价值。而最好的行动，却往往是在这些过剩的热衷中产生。

《反时代的》

"同情一切人"——这也许是对你的严厉和专制，我的邻居先生！

《善恶彼岸》

要尝到深井泉水的滋味是很费时的。

他们必须等待很久，才能获知藏在地底深处里的内涵是什么！

《查拉Ⅰ　市场之蝇》

心情沉重的、忧郁的人，恰恰通过使别人心情沉重的东西，通过恨和热，而变得心情较轻松，并且暂时达到自己的表面。

《善恶彼岸》

最平静的话，往往会引起最剧烈的狂风暴雨，而左右世界的，则多半是信鸽所传来的思想。

《查拉Ⅱ　最宁静的时刻》

道德·修养

爱他的敌人？我相信，这一点很好地被学习过，它今天在大小范围内千百次地发生；确实，有时已经发生较高的东西和较崇高的东西——当我们爱时，恰恰当我们最好地爱时，我们学习鄙视——但是，这一切是无意识地，无喧闹地，无华丽地，带着善之那种羞耻和隐蔽地进行着的，而这羞耻和隐蔽禁止嘴的庄严的言辞和德行形式。道德作为态度——今天在我们看来违背趣味。这也是一个进步，像我们的父亲们的进步一样：宗教作为态度最终违背了他们的趣味，包括敌视和伏尔泰学派的怨恨宗教（而一切东西从前都属于自由精神的表情语言）。这是在我们的良心中的音乐，在我们的精神中的舞蹈，一切清教徒的祈祷，一切道德的说教和伪善，都不愿与之调和。

《善恶彼岸》

正像在众星的领域中有时有两个太阳，它们规定了一颗行星的轨道，正像在某些情况下不同颜色的两个太阳围绕一颗唯一的行星而发光，时而以红的光，时而以绿的光，然而又同时照亮这行星，并且用彩色的光把它淹没，我们现代的人也如此地——由于我们的"星空"的复杂的机械学——由不同的道德所规定；我们的行动交替地以不同的颜色而发光，它们很少是明确的，——经常有这样的情况，在这些情况下，我们做出彩色的行动。

《善恶彼岸》

我们在讲述一幅我们看到的新画时，会立即搬出自己过去所有的体验。当然在讲述体验时，人们的诚实程度是有区别的。除道德体验外，不存在别的体验，即使在感知范围也是这样。

《快乐的科学》

我至今尚未碰到有谁（书本里也没有碰到）是作为人在看待道德并把道德当成一个问题，当作自己的痛苦、折磨、至乐和激情，这究竟是何缘故呢？显然，道德至今根本不算一个问题，毋宁说是

尼采的箴言

人们在经历猜疑、不和、矛盾之后而达成一致的东西，是思想家在其中歇息、松弛继而重新振奋的处所。我至今尚未发现任何人敢做道德的价值评估；我甚至发觉人们对科学尝试的好奇心也灭绝了，心理学家和历史学家那种被娇惯的尝试性的想象力也没有了，本来，这想象力可随便飞快捕捉到一个问题，又无须费劲知道到底捕住了什么。我几乎没有搜集到什么资料，可供撰写一本价值评估史（还想写点有关价值评估的论文及伦理学史），以便激励人们对这一历史的爱好，增长这方面的才能。不过我的努力全是枉然，今天我才意识到。那些道德史学家（尤其是英国人）的确无足轻重，连他们自己通常也很轻信地服从某种道德的命令，充当替这道德扛招牌的侍从而不自知；仍在重复基督教统治下的欧洲那至今一直被人忠诚传诵的民间迷信：道德行为的本质特征就在于无私、否定自我、牺牲自我呀，就在于同情呀。

《快乐的科学》

你被预订在星的轨道上，

黑暗与你星星何干？

你欢乐地度过这时代吧！

让时代的不幸与你远离！

你的光辉属于遥远的世界，

在你，同情无异于罪孽！

适合于你的信条只是：

保持纯洁！

《快乐的科学》

我们（是）不道德主义者！——这个世界它和我们相关，在这个世界中我们不得不恐惧和去爱，这个出色的命令和出色的服从（构成的）几乎看不见听不到的世界，这个在任何考察中都"差不多"的世界，这个吹毛求疵的、棘手的、尖刻的、脆弱的世界：是的，针对着愚蠢的观众和众所周知的好奇心，这个世界得到了很好的捍卫！我们已被编织进有关义务的一个严密的网和织物中去了，而且无法从中自拔——，恰好在这里，我们是"有职责的人"，甚至连我们（也在内）！有时，我们在我们的"锁链"

中而且在我们的"剑"之间很好地跳着舞，这是真的；常常，这简直也是真的：我们对此咬牙切齿，并且对我们的命运的一切严酷的秘密无法容忍。但是，我们应该做我们所希望的事情：针对我们，蠢材和观察说："这是没有责任的人。"——我们总是有反对我们的蠢材和观察！

《善恶彼岸》

他们在这个前提条件下所犯的普遍错误，就是坚持认为各国人民，至少是顺民在道德原则上具有共通性，并且从中推导出对你我的绝对约束力；要么反其道而行之，当他们明白民族不同、道德迥异的这一真理后，又做出所有的道德均无约束力的结论。这两种做法皆等同儿戏。他们之中的较为高明者也是犯有错误的，他们发现并批判一个民族对该民族的道德的种种看法、人对人的普遍道德的种种看法，也就是发现并批判关于道德的起源、宗教制裁、自由意志的种种偏见（也不排除是愚见），就误以为这样做是对道德本身进行批判了。

《快乐的科学》

要小心某些人，他们非常重视人们指望他们在道德的区分中有道德的机智和精细！当他们一旦在我们面前（或甚至在我们身旁）犯错误时，他们决不请我们加以原谅，——他们不可避免地成为我们的本能的诽谤者和损害者，甚至当他们还仍是我们的朋友时。——健忘的人是极幸福的，因为他们也"了结了"他们的愚事。

《善恶彼岸》

为了教导人养成符合道德的习惯，就必须扫除美德同个人利益结合起来的可能性。可事实上的确存在着这样的结合！比如，盲目的勤奋既是甘当工具的人的典型美德，也是发财和成名的途径、医治无聊和情欲的疗效显著的毒剂，然而，人们对于勤奋那极大的危害则讳莫如深。所谓对人的教育，就是试图通过一系列的吸引和好处而形成个人的思维方式及行为方式，这方式一旦成了习惯、本能和激情，就必然反对个人的根本利益，必然"有益于大众"。我常常看到，盲目地一味勤奋，的确导致名利双收，但也夺去肌体器官的敏锐与灵巧；它使人享受名利，也是抗御无聊和情欲的主要手段，但同时使感官迟钝，使心灵面对新的刺激而失控。

尼采的箴言

《快乐的科学》

不仅我们的理性,而且我们的良心,都服从我们的最强大的欲望,都服从在我们心中的这个专制君主。

《善恶彼岸》

违背习俗地进行思考,这早已不是什么优秀的智力行为,而是强烈、摆脱羁绊、自我孤立、倔强、幸灾乐祸、邪恶的习性行为。异端邪说是巫术的侧面,它同巫术一样,自然是不足称道的,但也无害,或者说,本身还是值得尊重的。

《快乐的科学》

对内心冲动加以克服的那种意志,最终却只是另一个或其他许多的内心冲动的意志。

《善恶彼岸》

为了挣钱而找工作,这在文明国度几乎人人都是这样。工作是手段而非目的,所以,人们对工作并不精心挑选,只要它能带来丰厚的酬金就行。

《快乐的科学》

你们所能体验到的最伟大事情是什么呢？那便是非凡的轻蔑。是时，你们甚至会对自己的幸福感到厌恶，而理智与道德亦然！

《查拉·序》

对于思想家和极富创意的奇才而言，无聊意味着灵魂"静若止水"，这自然十分讨厌，这灵魂本是幸福旅程和快乐之风的前导啊。可他们不得不忍受无聊，任凭它在自己身上施予影响。而这恰恰是下等人做不到的。

《快乐的科学》

具有一种才能是不够的，人们必须还得到你们对具有才能的允许，——怎么回事！我的朋友们？

《善恶彼岸》

想方设法把无聊从自己身上驱逐，这是人情之常，正如没有兴

尼采的箴言

趣也干活一样普遍。相对欧洲人来说，亚洲人更能忍受长久而深沉的宁静，显示出他们的优势。亚洲人的麻醉剂也作用缓慢，要求人们忍耐，与欧洲的毒剂和烈酒那突发的效力迥异，这效力令人不怎么舒服。

《快乐的科学》

每天的经历——你每天的经历是由什么构成的？看看你经历中的那些生活习惯——它们是不是由无数懦弱与怠惰所产生的结果？或者是你的英勇与卓越理性的产物？

即使两者有极显著的不同，这并不影响别人对你的赏赐，或你施予别人实际利益的价值。

但是这种赏赐、利益、名声，或许可以满足那些只求心安理得的人，却无法满足你这"缰绳的试验者"、有"良知自觉"的人！

《知识》

自己的意见——当别人问及你所不熟知的事，你们所说出的每一句话，事实上不能算是你自己的意见。这些只是你为了顺应自己的阶级、地位和个性，所说出的一些外交辞令罢了！

"自己的意见"这种东西，一般是不会轻易表达出来的。

把舆论当真的人，就是那种把双眼遮盖住又戴上耳塞的人。

《人性的》

我喜欢短期的习惯，把它看作一种无价法宝，即认识许多事物直至它们酸甜苦辣之底蕴的无价法宝。我的本性完全是为短期习惯而安排的，包括身体健康的需要以及我能看见的大小事物。我总认为，这样的安排使我永远满意。短期的习惯也相信热情，即相信永恒。我发现和懂得了这个道理，真值得别人羡慕呢。短期的习惯在白天和晚上向我靠拢，散播着深深的满足感，以至于我不再有别的企求，也无须比较、轻蔑和憎恶什么了。

《快乐的科学》

在一个人被咒骂时进行祝福，这是不人道的。

《善恶彼岸》

有一种好意的傲慢，这傲慢显得像恶意。

《善恶彼岸》

尼采的箴言

一个人把自己的学识告诉别人时,他对那些学识的爱便不如往昔了。

《彼岸》

你每天的历史是个什么样子呢?瞧瞧你的习惯吧,每天的历史就是由你的习惯写成的呀。这些习惯到底是无数小怯懦和怠惰的产物呢还是你的勇敢之产物、你那富于创意的理性之产物呢?这两种情况泾渭分明,但是你可能会得到人们同样的赞美,你也可能给人们带来同样的功利。

不过,赞美、功利和尊敬大抵只能满足那些只求有良心的人,却不能满足你这类考察人的人,这类人知道何谓良心。

《快乐的科学》

对自己的不道德行为感到羞愧,这是在阶梯上的一级,在阶梯的终点处人们也对自己的道德行为感到羞愧。

《善恶彼岸》

想报仇以及报仇之事——抱着满腔复仇之心,想把它付之实现的事，恰有如激烈的热病在发作，在等待发作过去的程序一般。至于怀抱着复仇心，却没有勇气把它付诸实施者，等于是患了慢性的疾病，或者是身心中毒症。因为，所谓的道德只看意图。是故，对两方都给予相同的评价。一般的情形之下，前者受到的评价比较坏（因为，所谓的复仇者，时常会招致恶劣的结果之故），这种评价都有点短视。

《人性的》

现代人的焦虑——愈往西方走，现代人的焦虑愈趋严重。是以，在美国人的眼里，欧洲人都是喜欢宁静并且有条不紊的。事实上，欧洲人的生活犹如蜜蜂或蜂鸟一般繁忙。在繁忙的生活压力下，高等文化的果实，犹如季节的转换般过于迅速，以致无法开花结果。活跃者，也就是那群一直无法静下来的人，他们的高声疾呼，并未能使情况稳定下来。所以我说——静观乃现代人最必要的修养。

《人性的》

这就是我的灵感经验。"我也有这种经验……"为了找到向我说

尼采的箴言

这一句话的人,我相信我得倒溯回几千年以前。

《有关查拉这个人》

迷失自己——当你发现自己的时候,也就是迷失自己之时了——这只是对那些思想家而言。换句话说,一个思想家如果一生只有一个自己,那就未免太可怜了。

《人性的》

两个人之间最大的隔阂,在于他们纯洁的心灵无法相互沟通。不妨抱持和他是同志的心情结识他。当你无法和他沟通时——告诉自己:"不要将他的臭味拿到鼻前来闻吧!"纯洁的最高本能,便是将那些与你背道而驰的人,当成圣人,带他们到奇幻、危险且孤立的境地。因为人类精神化的最高境界——除了神圣化,别无其他。只要你能像沐浴时对自身肉体的坦诚相见似的,把对方当成高贵的灵魂来与他交往,那将再也不会有隔阂的。

《彼岸》

人和物——为何人类无法见到那些东西呢?那是人自己阻碍了

自己，他把东西都给遮盖起来了。

《曙光》

善是什么？——所有能增强感情权力：权力的意志和生命本身的权力的都是善。

恶是什么？——所有削弱这一切的都是恶。

《反基督》

对优胜的东西的熟悉激怒人，因为它不可以被归还。

《善恶彼岸》

你希望拥有一般人所谓的"公正眼光"吗？那么你要多观察别人，并学习前人的人格修养，来激励自己，并将这些修养表达出来。

《知识时代遗稿》

"你想给他留下好印象？那么，你在他面前就窘迫困惑吧。"

《善恶彼岸》

你应该追求竹子的道德，它长得愈高，就愈美丽而飘逸，而内部则愈坚实强劲。

《查拉Ⅱ 伟人》

当我们必须改变对某人的看法时，我们因而严厉地把他对我们所造成的不愉快记入他的账下。

《善恶彼岸》

人们最好为其德行而受惩罚。

《善恶彼岸》

一个人为他的思想寻找一个助产医士，另一个人寻找他对之能够进行帮助的人，这样，就产生出一次很好的谈话。

《善恶彼岸》

孤独的人说他要将自己从世上那些疲倦、情绪不佳、无聊的工作中解放出来，重返自然的怀抱。殊不知那些建筑完全封闭住内心堡垒的人，却往往是心灵的破坏者。他将永远无法享用涌自心灵的生命之泉。

《人性的》

诗人们无羞耻地对待他们的经历；他们剥削他们的经历。

《善恶彼岸》

在我们之间，连那些最有勇气的人，也鲜有勇气去认识真正的自己！

《偶像·箴言和箭》

人只能在不得不说时，才可以开口说话，而且只能说那些必须说的话——其他的一定要闭口不谈。

《人性的》

我们的道德也应迈开双脚，

且步履轻松，

须似荷马之诗，

纵横驰骋！

尼采的箴言

《快乐的科学》

完全没有道德的现象，而只有对现象的一个道德的解释。

《善恶彼岸》

最重要的操守——小不忍则乱大谋。如果你今天没有一件事是可以忍着不去做的，那么今天将是失败的一天，而且很可能危及明天。如果你希望成为一名支配者，这种操守是不可或缺的！

《人性的》

从一个人的谈话中，可以明了一个人的内涵。因为，言语通常代表一个人心中的想法。当一个人说尽他心中的每一句话时，换来的却常只是无所谓的轻蔑罢了。有智慧的人往往都紧闭着嘴唇，但那些平凡的凡人却说个不停。小心！别人会从你的言行中看扁你的。

《偶像·游击》

"并非你欺骗我，而是我不再相信你，这才使我震动。"

《善恶彼岸》

相反，我憎恶长期的习惯，它在我身边就像暴君，使我的生活空气凝固。有些事物的形态表明，似乎必然会由此产生长期的习惯，比如单一的工作职务，总与同一个人共处，一个固定的住所，始终如一的健康状况等。是呀，我对自己的所有痛苦和疾病——一直是我的缺憾——是感激不尽的，因为它们留给我几十条后门，使我得以逃脱长期的习惯。

但话又得说回来，我最不能忍耐之事，也是最可怕之事，就是完全没有习惯地生活，完全随机应变地生活，那样无异于放逐我，是我的西伯利亚。

《快乐的科学》

人们以自己的原则想对自己的习惯加以压制，或者辩护，或者尊敬，或者辱骂，或者隐藏——具有相同原则的两个人因而很可能想要某种根本不同的东西。

《善恶彼岸》

为了拥有正确的思想，热情和热衷是必要的。如此才能正确地观察每一件事物！而你们却在别人不同的思想中挣扎，甚而迷失了自己！

《曙光》

我以为大多数人不大相信高昂的情绪，因为那仅是瞬间之事，至多不超过一刻钟。少数人由体验而知高昂情绪可以持续较长时间只是例外的情形。

具有高尚情操的人，亦即代表轩昂情绪的人，至今还只是一个梦，只是一种迷人的可能性罢了，历史尚未给我们提供任何确切的实例。尽管如此，倘若一系列有利的先决条件被创造和被固定下来，历史也可能会"娩出"这类人。可惜这些条件目前无法凑齐，哪怕最乐观的偶然机会也无法将它们凑齐。

也许，使我们心灵为之悚惧的下列特殊情感对未来人却属正常：在高昂和低落的情绪中动荡；忽上忽下的感受；一种类似不停登梯和在云端安歇的情愫。

《快乐的科学》

一切自然主义的道德，即一切有益于健康的道德，都受生命的本能所支配——有些生活戒律是通过某种"应该"和"不应该"的规则而实现的；在生活的道路上，有些有害的和敌对的因素就是这样而被消除的。反自然主义的道德，即实质上迄今谈到的各种道德，崇尚和鼓吹同生命的本能正相反的东西——它们是对这些本能的时而神秘的，时而下作和冒失的谴责。至于说"上帝看透人们的内心"这句话，它否定了生命中最深邃和最高奥的欲望，并把上帝误认为是生命之敌。

《偶像的黄昏》

一个人由于不道德的行为而产生的羞愧——这是梯形台阶上的一级，在其另一端上却是一个人由于道德的行为而产生的羞愧。

《善与恶之外》

噢！弟兄们。我这个人是否太残忍了呢？不过，我仍然会说："对于那种会掉落的东西，不如由我们把它推下去。"

眼前的任何东西都会掉落、腐朽，谁会去支持这些东西呢？所以我说——很想再推下另外的一个！

你们能够体会得到，把石头推下险峻山谷的快感吗？——今日的人们。放眼看看他们的状态，瞧着他们滚进我谷底的状态！

对于更好的演奏家们来说，我是一支前奏曲。噢，我亲爱的弟兄们！这是一个很好的实例！你们就学学我的例子吧！

对于那些你们不能传授"飞翔"的人们——那就干脆教他们更快堕落的办法吧！

隐藏于我们内心的兽性很喜欢被骗。所谓的道德，乃是为了避免被兽性所撕裂的谎言。如果道德种种的假定之中没有谬误的话，人类可能还会停留于动物的阶段。不过，人类总以为自己是高等生物，因此给自己套上严厉的规律。正因为如此，人类憎恶自己接近动物的阶段。关于这一件事，由过去不把奴隶当成人看待的做法，即可窥见一斑。

《人性的》

罪犯尤其经常不胜任他的行为，他轻视和诽谤它。

《善恶彼岸》

只有那些自己改变的人，才配说得上是我的真传。

《彼岸》

　　有一种无邪的钦佩：谁拥有这一点，那么，对他来说，还没有被想到他也可以在某一天受到钦佩。

《善恶彼岸》

　　在"男人和女人"的基本问题上犯错误，在这里否认最深刻的对抗，否认一种永恒敌对的紧张关系的必然性，在这里也许梦想相同的权利、相同的教育、同等的要求和义务：这是头脑浅薄的一个典型的标志；而一位在这种危险的地方证明自己浅薄的思想家——在本能中浅薄！——一般来说可能被看作是可疑的，甚至被认为是被揭穿和被暴露的，对于生活中的一切基本问题，对于未来生活中的一切基本问题来说，他可能是太"短促的"，而且不能往下达到任何深度。另一方面，一个男人在他的精神方面就像在他的欲望方面一样有深度，也有那种与人为善的深度，这种深度可能是严格和严厉的，并且很容易被与它们相混淆，他对女人始终只能是东方式的思考：他必定把女人看作是占有物，看作必须严加看管的财产，看作供驱使而预先规定的东西，看作在服役中自身完成的东西，——因此，他必定置身于亚洲的惊人的理性之上，置身于亚洲的本能的优越性之上：正像希望人从前所做的那样，亚洲的这些最优秀的继承人和学生，正如众所周知的，他们从荷马直到伯里克利斯的时代，借助于日益增长的文化和势力范围，逐步地变得更严厉地对待女人。简言之，更东方式地对待女人。这是怎样成为必然的，如何成为合乎逻辑的，如何甚至在人性上也是所希望的，让我们对此加以思考吧！

《善恶彼岸》

迄今为止，男人们像对待鸟儿一样对待妇女，鸟儿由于在高空迷路而下降到男人怀里，作为某种较纤巧的东西，较敏感的东西，较野性的东西，较奇特的东西，较甜蜜的东西，较富于感情的东西，——但是作为人们必须加以囚禁的某种东西，不能让它从这里飞走。

《善恶彼岸》

变得更为健康——这对于像华格纳那种性格而言，是往后退了一步。对于一个从未有不健康，且足以应付这种"地狱的欢乐"的人而言，世界一定是一个毫无怨言的地方。

《瞧这个人·伶俐》

　　确定你的身体是否健康，关键要看你的目的、视野、精力、动力、错误，尤其是你心灵的理想和想象力。如此，便会有形形色色的健康。越是让不同的个体昂起头来，越是忘却"人是相同的"这一教条，那么，我们医学家该抛弃的概念就会越多，诸如正常健康的概念，正常的病人饮食，正常的患病过程等。然后，才对心灵的健康和疾病做进一步思考，并且把每个人各具特点的道德摆到他的健康中加以考虑。自然，在某个人那里是健康的，在另一个人可能就是不健康的。

　　末了，尚有一大问题悬而未决：我们可否不患病而发扬道德呢？我们求知和求自知的渴望是否特别需要患病的和健康的心灵呢？简言之，一味追求健康的意志是否是一种偏见、怯懦，或许竟是高雅的野蛮和落后呢？

《快乐的科学》

　　抗议，规避，快乐的猜疑，嘲弄癖，这些是健康的标志，一切

尼采的箴言

无条件的东西属于病理学。

《善恶彼岸》

在医学领域，有一个受人喜爱的道德公式（始作俑者为阿里斯顿·冯·契奥斯）："道德即心灵的健康。"为了让这公式适用起见，不妨稍作改动："你的道德即是你心灵的健康。"因为健康本身并不存在，所以，一切界定某个东西是健康的图谋无不遭到可悲的失败。

《快乐的科学》

心中充满妒火的人就像蝎子一样，最后会将毒刺转向自己。

《查拉图斯特拉如是说·喜悦与热情》

凡我们所为之事，从未被人理解；一直是这样：要么被赞美，要么被指责。

《快乐的科学》

习惯使我们双手机巧，使头脑笨拙。

《快乐的科学》

但是，既是短期习惯，就常有终止的时候，美好的事物届时与我分手，但它不同于使我反感的东西，道别时显得异常平静，对我很满意；我也对它满意，仿佛我们必须互相致谢、握手道别似的。又有别的习惯已在门口等候了，我的信念——很难摧毁的愚蠢与智慧！——也在那儿等候，我相信，新的习惯是正确的，非常正确的。在我，食物、思想、人、城市、诗歌、音乐、学说、日常安排、生活方式等等，莫不是短期的习惯了。

《快乐的科学》

我们的行动的结果牢牢抓住我们，对我们在此期间已经"改邪归正"表示很无所谓。

《善恶彼岸》

什么东西使人变得"高尚"呢？当然不是勇于牺牲——纵欲之徒也会做出牺牲；当然不是人顺应的某种激情——世间存在种种可鄙的激情；当然也不是人无私地为他人做点什么——也许，最高尚的人恰恰是最自私的人。

那么，使人变得高尚的东西，就是那种产生于高尚之士、又不为他所察觉的奇特的激情，是他运用的罕见而独有的尺度和几近癫狂的气质，是他那对于被众人冷淡的事物的炽热情怀，是他能认清那些连任何衡器都无法衡量的价值，是他奉献给无名之神的祭坛牲礼——不求闻达的英雄气概以及向世人和万类倾诉的过分的知足。总之，是迄今为人罕见的东西，以及对这罕见的东西并不自知，才使人变得高尚起来。

可能有人会想，要是运用这一原则，那么，一切通常的、最熟悉的、不可缺少的东西，也就是大多数人借以维持人的本性的东西，甚而人类迄今一切常规统统没有得到公允的评价，统统受到污蔑，而只有利于特殊古怪的事物。他们要做常规的辩护律师，这或许是人间表现高尚意识的最终形式和精明所在了。

《快乐的科学》

一个人能意识到自己的一切个性，尤其是当他在周围环境里显示出个性的时候；但个性也有另外的发展规律，就是说，人意识不到它，或者对它不甚了了。它过于细微，在细心的观察者眼前也藏而不露，好像躲在一片虚无后面似的。

这情形与爬行动物鳞片上的精细雕刻类似：倘若猜测这精细的雕刻是一种装饰或是一种武器，则大谬不然。我们只是借助显微镜——人造的锐眼——才发现了它，而其他动物没有这种锐眼！在它们看来，那鳞片上的雕刻便是装饰或武器了。

我们一些可视的道德，特别是那些我们相信已看见的道德在正常运行着；而不可视的道德——它对于我们来说既非装饰亦非武器——也在正常运行着。这种截然不同的运行连同各种线条、精巧雕刻也许能给一位拥有神奇显微镜的神明带来欢悦哩！比如，我们具备勤奋、事业心和机敏，这是众所周知的，此外，我们还极有可能具备另一种勤奋、事业心和机敏，然而，能察觉我们"爬行动物鳞片"的显微镜还没有发明啊！直觉的道德之友说："好啊！他至少认为未被意识到的道德是可能的，有这，我们就够了！"——啊，你们这些知足的人呀！

《快乐的科学》

将你自己所敬的人物列出表来，并回想自己为何尊敬他们，从他们之中找出一项你认为自己之所以尊敬他们的共通原则。今后，

尼采的箴言

你只要以此为准则，努力去实行便可以了。

如果稍有成就，不妨再从这些偶像中，选几项你认为值得学习的善行加以补充。最后你定可青出于蓝，然后再以他们作为你步向成功的踏脚石，一步一步地往上爬，最后你必然可以找到"自我"。

因为"自我"并非隐藏在你的内心深处，而是在你无法想象的高处，至少是在比你平日所认识的"自我"更高的层次里。

能够成为你自己本身的导师与典范的，唯有发自你的天性。唯有自己，才有资格成为自己的导师和内心的解放者。

从自己的灵性中获得教养的真谛，并不像残废的肉体装设义肢、在扁平的鼻子内填腊，或在视力不佳的眼睛前面架上眼镜那么简单，如果有师长以此为教育你的方针，那么他所谓的教育将是虚伪的。

教育本身便是解放，就像一棵将成长为巨树的嫩芽一样，你必须有勇气去克服杂草、瓦砾与害虫的侵袭，才能获得光与热，以及那充满爱的雨水的滋润。这一切一切的努力才是真正的教育。

《反时代的》

我们离开了陆地，乘船远航！我们把那座桥梁远远抛在身后了，那片陆地似乎在我们身后撤走，消失了。小船呀，你可要当心！你身处大海，它并非一直咆哮，现在它就静卧着，犹如绸缎、黄金和亲切的梦幻。

然而，那一时刻一定会到来：届时你将看到大海浩渺无涯，没有什么比浩渺无涯更可怕了！

噢，可怜的小鸟，它虽感自由，可现在又在撞击这笼子的笼壁了！

你备受对陆地的眷恋的煎熬，似乎在那里有更多的自由，可"陆地"已不复存在！

《快乐的科学》

在我们的时代，人们以男人方面的尊敬的态度研究女性，这在以前的时代是从没有过的——这是民主的潮流和基本的鉴赏力，正像对旧时代的不敬一样——：至于伴随着这种尊敬立刻又在对这种尊敬进行滥用，那有什么可以大惊小怪的呢？人们欲求更多，人们学会了要求，人们最后发现那个尊敬的关卡几乎已经是侮辱人的，人们会偏爱为权利所作的竞赛，甚至会完全实际地偏爱斗争：简言之，女人丧失了羞耻。让我们立即补充说，她也失去了趣味。她忘记了害怕男人，但是，"忘记了害怕"的女人放弃了她的最女性化的本能。下述情况是完全合理的，也是完全可以理解的：当男人的能引起恐惧的东西，说得更肯定一点，当男人中的男人不再被追求时，女人就敢于走出来了；那更难以理解的是，正因为如此——女人堕落了。这就发生在今天：让我们不要在此受骗了！凡是在工业精神战胜军事的和贵族的精神的地方，女人现在都追求一种店员的经济的和法律的独立性："女人作为店员"站在自我形成的现代社会的大门口。当她如此这般地获得新的权利，努力成为"主宰"，并且把女人的"进步"写在她的旗帜和标语上时，以可怕的明晰性实现了相反的东西：女人后退了。自从法国大革命以来，在欧洲，女人的影响随着她在权利和要求方面的日益增加而变得更小了；而"妇女解放"，就是其由妇女自身（不只由男人的浅薄头脑）所要求和推动的而言，却产生了这样一个值得注意的特征：最女性化的本能不断被削弱和纯化。这是这个运动中的愚蠢，一种几乎男子气的愚蠢，对于这种愚蠢，一个有教养的女人——这总是一个聪明的女人——从根本上感到羞愧。在什么样的基础上人们最可靠地达到胜利，对此，嗅觉丧失了；女人的实际的武器技巧方面的练习被忽视了；让自己走在男人前面，也许甚至"钻到书本里"，而在书本里，人们从前把自己隐藏在培育和巧妙狡猾的屈从之中；用道德上的大胆去抵消男人的信仰——对一个为女人所遮蔽的根本不同的理想的信仰，对某种永恒和必然的女性的东西的信仰；固执地和喋喋不休地劝男人放弃下面的看法：女人就像一只较脆弱的、特别野的和常常令人愉快的家庭宠物一样，必须得到抚养、照料、保护和爱护；笨拙地和愤慨地收集有关奴隶状况和男女奴隶状况的一切材料，这些材料反映了在迄今为止的社会秩序中女人的地位曾经有过的和还存在着的状况，（似乎奴隶身份是一个反证，而不如说是任何较高文化的一个条件，文化的任何提高的一个条件。）——如果不是瓦解女人的本能，一种非女性化，那么这一切意味着什么？当然，在有学问的男性蠢驴中有足够的白痴似的妇女之友和女人的败坏者，他们劝告妇女如此这般地非女性化，并模仿欧洲的"男人"、欧洲的"男子气概"所患有的一切愚蠢行为，——他们想把妇女向下带往"普遍教育"，甚至带往阅读报纸和政治化。人们甚至到处都想从妇女中造就出自由精神和作家：好像对一位深沉而不信神的男人来说，一个毫无虔诚之心的女人并不是某种完全讨人嫌或可笑的东西——男人几乎到处都在用所有最病态的和最危险的音乐（我们德国的最新的音乐）去损害她们的神经，并使她生出强壮的孩子。人们一般地还想对她更多地加以"培养",并像人们所说的,通过文化去加强"女性":似乎历史并没有尽可能诚恳地教导说,人的"培养"和他的虚弱——即意志力的虚弱、破碎和病态,始终彼此步调一致,而且世界上最强有力的和最有影响的妇女(最后还有拿破仑的母亲)恰恰把她们的权力和她们对男人的优势归功于她们的意志力,而不归功于教师!在女人那里引起尊敬和足以经常引起畏惧的东西是她的本性(这种本性比男人的本性更本性),她的真正猛兽般的狡猾的灵活机智,她藏在手套中的虎爪,她的利己主义中的单纯,她的无可教育性和内在的野性,不可理解的东西、宽阔的东西,她的欲望和德行的漫游……尽管畏惧,但是,那种为这危险而美丽的猫"女人"所引起的同情的东西是:她比任何一种动物表现得更受苦、更易伤害、更需要爱、更被判定为失望的。恐惧和同情:迄今为止,男人借助于这些感觉站在女人面前,总是一只脚已经在悲剧中,而悲剧又在令人兴奋时撕碎了——。怎么回事?现在,一切因此就该结束了吗?女人已经开始丧失魅力了吗?女人的令人厌倦的品性已在慢慢地蔓延了吗?啊,欧罗巴!欧罗巴!人们认识这长角的野兽,对你来说,这野兽总是最吸引人的,从它那里,危险一再威胁你!你的古老的寓言也许可能再一次成为"历史",———一种巨大的愚蠢也许可能再一次成为你的主宰,并把你带走!而且在它之中没有上帝隐蔽着,没有!只有一个"观念",一个"现代观念"!……

《善恶彼岸》

世间存在一种并非罕见的、愚蠢的谦卑,人一沾上它,就永远成不了认知的高手。

比如,某人看到某个引人瞩目的东西转身就跑,对自己说:"你受骗了!你的感官到哪儿去啦!这不可能是真的!"于是,他不再做更仔细地观察,更敏锐的倾听,而是像受到惊吓一般,退避三舍,竭力尽快将此物忘却。他内心的准则是:"凡与普遍观点相违背的东西,我都不要看!我也够资格发现真理吗?发现真理的人已经多如牛毛了。"

《快乐的科学》

那种宁愿死也不干活的人越来越罕见了,要有,那就是难于满足的挑剔者,他们不以酬劳丰富而满足,除非工作本身使其满足。形形色色的艺术家和静观默察者属于这类怪人,还包括将其一生耗费在打猎、旅游、冒险和爱情交易上的懒鬼。这类人也想工作，但工作必须符合兴趣。如果符合了，他们就不计艰危，最繁重、最艰苦的工作也干；否则就断然懒散下去，哪怕因此受穷、丢脸、发生健康和生存危机也全然不顾。他们并不怎么害怕无聊，倒是更害怕干没有兴趣的工作。

《快乐的科学》

我们不论在何处面临何种道德，总发现人们会对人的欲望和行为作出评估，并划分等级。这实际上代表着一个群体的需要，什么东西对他们有益，何者为先，何者居次，何者第三……这也是一切个体的最高价值标准，个体受道德的教导，要成为群体功能的一部分，个体的价值就存在于群体功能中。

《快乐的科学》

有人振振有词地顽固地鼓吹一种偏念：个人本位主义是卑鄙龌龊的。这信念显然给个人本位主义造成了损害（而有利于群体本能意识，我将要重复一百遍这么说），因为它抽掉了个人本位主义中良好的意识，认定它是万恶之源。

"个人主义是你一生的不幸",几千年来就是这样对人说教的,可正如上述,这剥夺了个人主义的许多智慧、欢乐、想象力、美,而使它愚化、丑化和毒化!相反,古代哲学教导人们认识不幸的原因则完全不同,从苏格拉底起,思想家们教诲说:"你们没有思想、愚昧、按常规得过且过,从属于邻人的意见,这,就是你们少有幸福和欢乐的原因了,而我们思想家才是最幸福最欢乐的呀。"

在此,我们姑且不论这种反愚昧的教诲是否比那种反个人主义的说教理由更充分些,然而,可以肯定的是,这教诲抽掉了愚昧意识中那自视良好的一面,这些哲人打破了愚昧。

《快乐的科学》

一位土地丈量员在观看《伊菲格尼》的演出后说:"它好在哪里?里面没有一样东西是经过证明的!"

希腊人难道远离这种情趣了吗?至少在索福克勒斯的作品里,"一切皆经过证明"。

《快乐的科学》

希腊人不论思考什么都非常符合逻辑,且朴实无华。他们乐此不疲,至少在他们悠长的兴盛时期是这样。法国人则喜欢略为走向反面,做些非逻辑思考,逻辑思维只是用于表达他们在社交中的温文尔雅和自我掩饰,不过那也是经过许多非逻辑思考的转化而成的。表面看来,逻辑对他们是必要的,如同面包和水。可是,仅仅享用面包和水,那它们就成了囚犯的食物了,法国人的逻辑就像这面包和水一样贫乏。

在良好的社会环境里,人们绝对不可能期望什么都完满无缺,什么都符合逻辑。因此,在法国人的风趣里总存在一点点非理性。希腊人的社交意识淡薄,所以,思想最丰富的希腊汉子也少有风趣,爱开玩笑的人也少有戏谑;所以——噢,不谈啦!人们不会相信我的话,我还有好多话憋在心里呢!"此乃雅量的缄默"。

《快乐的科学》

大众的趣味之改变比观点的改变还重要;观点连同一切论据、反驳和整个理性面具仅仅是改变了的趣味之征兆罢了,而绝非它的根源。

大众的趣味是怎样改变的呢?是由于权贵和社会闻人恬不知耻地贯彻己意,陈说他们喜欢或厌恶的评价标准并强迫他人接受,由此慢慢变成多数人的,最终变成大家的风气了。

这些霸道者的感觉和"口味"之所以与众不同,其原因在于他们古怪的生活方式、奇特的营养和消化,说不定也在于他们血液和头脑中无机盐的多寡,一言以蔽之,在于他们的特异生理。他们理直气壮地相信自己的生理,对生理用那最细微、最优美的声音提出的种种要求言听计从。须知,他们的美学和道德评价就是其生理的"最优美的声音"啊。

《快乐的科学》

我们对待音乐,首先必须学会把握音乐形象和旋律,学会把它当成一种孤立和隔绝自我的生活,然后还需要良好意愿,作出努力,方能接受它。尽管它陌生怪异,我们仍然对其意境和表现方式保持忍耐,对其神奇保持慈善心态,久而久之,我们终于习惯于它了,我们期盼它了,缺少它时,就若有所失;于是,它也就源源不断地施展其魅力和强制,一发不可收拾,直到我们最终爱它,对它俯首帖耳,心醉神迷,乃至不知世上还有什么更美妙的事物。

我们就这样学会了喜爱音乐,对其他事物也是这样。我们总是对陌生怪异的东西保持良好的意愿、耐心、谦逊和温和的态度，因而最终获得激赏，陌生怪异之物慢慢抛却面纱，呈现新奇的、无可言状的美，这是它对我们殷勤好客的酬谢啊。

凡是自爱的人都是通过这样的途径学会喜爱的，舍此别无他途。人，必须学会喜爱。

《快乐的科学》

我将告诉你们有关精神的三种变化——精神如何变成骆驼，骆驼又如何变成狮子，最后狮子又如何变成儿童。

有很多重责大任是要让那些心怀崇敬、坚忍不拔的人来负担的。这些人以追寻重大责任，且是最重的大任，来表现出自己的精神。

"什么是重责大任？"这个有担当的精神问道。然后，如同骆驼般屈下膝来承受一切。

"英雄们，还有什么重责大任吗？"这个有担当的精神又问道，"都让我来承担吧！也好让我的力量能够充分地发挥出来。"

唯谦卑足以克制高傲，唯大智若愚足以嘲弄智慧，是否就是这样呢？

或者是要我们舍弃那已获胜的主张，登上高山之顶，去挑逗诱惑者？

《马太福音》

不要让柔弱的心灵做我们的最后一道菜！

《在沙漠的女儿们中间》

倘若我解释自己，我就欺骗自己；我不能做自己的解释人。

《解释》

虚荣心强的人，与其说是想要出人头地，不如说自认为出类拔萃，所以自欺欺人或是自我谋略是不择手段的。

《人性，太人性了》

生活是一面镜子，我们梦寐以求的第一件事情就是从中辨认出自己！

《生活是一面镜子》

尼采的箴言

智慧愿我们——勇敢、无忧、矜高、刚强，她是一个女人，永远只爱着战士。

《查拉图斯拉如是说》

习惯会使我们的双手伶俐而头脑笨拙。

《快乐的科学》

向上攀登的人——理应受赞扬，然而他随时都在下降！远离赞扬而生活的人却真正在天上。

《更高的人》

天才——在自己的作品中，在自己的行动中，——必然是个不吝惜的人。他的伟大性就在于他勇于把自己耗尽。

《不合时宜的看法》

哪里有危险，我就在哪里出现。

《话语、譬喻和图像》

一旦金钱跳进钱柜，灵魂也就不断往里跳！

《话语、譬喻和图像》

自从我厌倦了寻找，我就学会了找到。自从我顶了一回风，我就处处一帆风顺。

《我的幸运》

每项美德都可能毁于嫉妒。

《查拉图斯特拉如是说》

不依赖别人只是极少数人的事，而那是强者的特权。

《善恶彼岸》

渴望得到同情是一种自我陶醉，而且是一种使邻人破费的自我陶醉。

《人性，太人性了》

留心！免得让雕像压扁你们。

尼采的箴言

《瞧！这个人·自序》

当灵魂缺少施与之心时，那就是退化的开始。

《查拉图斯特拉如是说·施与的道德》

只要我们周围的一切都在忍受和制造苦难，我们就不可能幸福。

《瓦格纳在拜洛伊特》

自由的保证是什么？——是不再对自己感到羞耻。

《知识》

要常常自由自在地放弃世俗的名声！

《规劝》

痛苦中的智慧——在痛苦中，不仅有喜悦，同时还有智慧的存在。它和前者一样，都是人类最佳的自卫本能。若非如此，痛苦早就被去除了。没有人不认为它是有害的，因为那正是它的本质。

在痛苦中，我听到船长命令道："卷帆！"一个大胆的航海家，必须知道如何在各种不同的水路上导航，否则他不仅驶不远，大洋也会把他吞没。同样地，我们亦得学习如何在日常生活中控制精力。一旦痛苦发出预先警戒的号令，也就是到达应该减速的时候了——因为某些危险或风暴即将来临，而我们要尽可能地做好各项"防备工作"，以避免遭受风险。

但是，却有许多人在接近严重的痛苦之际，违反了命令。于是，当暴风雨迎头袭来时，他们的愉快不见了，也神气不起来了。事实上，痛苦本身已经充分给予他们宝贵的时刻，奈何他们不能把握。另有一些英雄好汉，他们本身即是人类痛苦的制造者，这些少数人，只需要和一般痛苦同样的代用品即可——而代用品并不能否定他们的伟大！他们是保存和推动人类的一股极其重要的力量。因为，他们反对骄矜造作和自以为是的安逸愉悦，并且毫不掩饰对这种快乐的厌恶。

《知识》

你们要尽可能——像昔日做牛做马似的，"尽可能"献身于工作，从中解除心里的苦恼。而我们呢？我们希望能有别于往日更多的苦恼！你们所期待的那种安乐境界，并不是我们的期望，而是一种希望的结束！安乐的境界将迫使人们对任何事情都漠不关心——而陷于想说出"穷极无聊"的批评！

巨大悲剧的锻炼——这种境界难道你们无法体会吗？这种锻炼将使得人类生存的境界更上层楼，难道你们不明了吗？为了强化灵魂而身陷不幸境遇；为期目击伟大的破灭而引发灵魂的战栗；从种种悲惨的不幸当中，致力于培养转祸为福的勇气，而将自己懦弱的灵魂，训练得更具深度、神秘感、虚伪、活力、狡狯与伟大——所有以上的一切，都得在苦难的境遇下，才能训练出如此高贵的灵魂。

《彼岸》

当你对自己任务中所赋予的权利感到怀疑时，当你要愉快地从事某项任务，却往往发现，只有卧病在床，方能圆满地达成任务时，你一定会觉得非常不可思议，甚至会感到恐惧！精神上的快慰，往往需以肉体的创伤作为代价！当你获致别人所无法达到的成功时，你将发现，这些代价是你昔日付出所有的健康换来的。而今天，你竟毫无选择地卧病在床……

《人性的》

从人生战场当中磨炼出来——倘若我未因此而丧命,那我将更为坚强。

《偶像·箴言和箭》

传说中的唐璜（Don Juan 欧洲传说中的一个好色之徒），并非只想和他所认识的每一位异性苟合。他追寻的是磨炼自己追求异性的技术，充实自己的才能以获取对方的智慧——这种永无休止的欲望，甚至能触及遥在天际的星星——这种欲望使他在世间已无可追求的东西——除了他早已熟知的绝大的痛苦。这种对异性熟知的痛苦迫使他不得不饮鸩血止渴。

《曙光》

世界的痛苦是深刻的——

而欢乐比哪种痛苦都来得深刻。

痛苦说:"去吧！去吧！"

而欢乐则要求永恒——希望能幽深地永远存在！

《查拉Ⅲ　另一首舞曲》

尼采的箴言

你们知道吗？精神乃是生命的自我挣扎，生命乃因自我的折磨而得以大步迈进。

你们知道吗？精神的喜悦是以犹如香油的泪水来净身，且被视之为神圣献祭上的牺牲品。

《查拉Ⅱ 著名的贤人》

我的弟子们的形式（Type）——我希望那些和我有过任何关联的人，能有苦恼、寂寥、疾病、怀才不遇、受人屈辱的心境——我希望他们能深深地轻视自己，对自己施予不信任的呵责，且有着被征服者只问耕耘不问收获的肚量。我绝不会去同情这些人，因为当今能够认定一个人存在的价值，也就是我希望他们能够拥有的美德，即是——忍耐。

《权力》

就像这是男人对女人的关怀和保护，当教会指示：妇女在教堂中应静默无言！当拿破仑让喜欢争辩的斯塔尔夫人理解女人不谈政治时，这是对女人有利的。——而且我认为，这是一个合适的女人之友，他今天朝着妇女呼喊：妇女不谈妇女的事情！

《善恶彼岸》

有精神的转变和投掷，有一些格言警句，有几句俚语村言，在这些词藻中，整个文化，整个社会突然地结晶了。其中有德·朗贝特夫人给她儿子的那句偶然的话："我的朋友，除了使你高兴的这些蠢事之外，你决不允许别人做什么？"——这是顺便说出的慈母的和聪明的话，而且是对一个儿子说的。

《善恶彼岸》

我不怀疑每个高贵的女人都会反对但丁和歌德关于女人所相信的东西，但丁唱道："永恒之女性引导我们上升。"歌德把它译为"永恒之女性引导我们走。"因为这正是她关于永恒男性的东西所相信的东西……

《善恶彼岸》

啊！老年和学问也会给软弱的德行以力量。

《善恶彼岸》

尼采的箴言

每个女人都穿着黑色的衣服并沉默寡言——用心良苦。

《善恶彼岸》

在无爱或无恨参与起作用之处，女人的作用是平庸的。

《善恶彼岸》

布诺德鲁斯（Proteus 为希腊神话中的海神，具易容能力）的性格——女性为了爱，往往会设法将心目中的男性，误认为那种性格。

《人性的》

在一切正经的女人看来，科学违背了羞耻。她们觉得似乎人们借此想窥视她们的皮肤的下面——还更糟糕的！窥视她们的衣服和装饰品的下面。

《善恶彼岸》

满足可以避免罹患疾病。每一位只重视自己表面的女性，可能正走向疾病之途——我指的是那种只重视表面浮华，而心灵空虚的女性而言。

《偶像·箴言和箭》

同样的情绪激动在男人和女人处毕竟在速度中是不同的，因此，男人和女人不停地彼此误解。

《善恶彼岸》

在一切个人的虚荣的背景中，妇女们本身总是还有她们的非个人的鄙视——对"妇女"。

《善恶彼岸》

把最接近的人引诱到好的意见，并且随后虔诚地相信最接近的人的这个意见：谁像女人们那样在这种巧妙的技艺中去做这一点？

《善恶彼岸》

知识·认识

最后的沉默者——他的眼神犹如寻宝者找到宝物一样。在一个偶然的机会里，发现了别人隐藏于灵魂深处的秘密。从中，他获悉了以往从未聆听过的知识。就某些事情而言，他对于生者或死者认识得过于清楚，他知道这两者之间的秘密之后，便保持沉默，不再言语，即使别人问他，得到的也只是轻率的回答罢了！——我似乎可以想见，为何那些著名的历史学家，会突然沉默下来。

《曙光》

我们的萌发——有许多东西在早期即存在于人性中。由于是在萌芽时期，尚很微弱，以致没人注意到它们的存在。经过一段很长的时日后，才会突然绽放开来。这也许需要长达数世纪的光阴，然而那些东西却也因此变得强壮而成熟。对某些人而言，似乎在某个时期会严重缺乏某种天赋或某种德性，不过——让我们耐心地等待吧！若是我们有时间等待，就等到他们的孙子或曾孙那一辈吧！总有一天，他们会将其祖父的思想或祖父本人也未曾察觉的本性表现出来。

常常有些做儿子的会背叛自己的父亲。有趣的是，在有了儿子之后，做父亲的才能真正地了解自己。

在我们的心灵深处，都隐藏着一座花园和耕地。用另一种譬喻来说，我们都是一座活火山，终会有爆发的时刻。

《知识》

作家写东西时，不只是要让人了解，同时更要让人无法了解。无疑的，一本书的目的，就是要人百思不得其解——也许这就是作者的真正意图——作者并不期望他作品的含意，简单到不用大脑就可理解。

一个高贵的灵魂，总是要审慎地选择对象来传达它的理想，同时也树立藩篱以隔绝"其他的人"。

《知识》

一无所知，比对许多东西都一知半解为好！

尼采的箴言

《查拉图斯拉如是说》

"你们最喜欢的不是那些将你们带出险境的人,而是将你们引离正路的诱惑者。倘若你们果真有这种企望的话,我认为那是不可能实现的。

因为,恐惧乃是人类原始而基本的感觉。透过恐惧,一切事情都可得到解释,包括原罪与道德。恐惧也造就了我的道德——也就是我的学问。

对野兽(包括潜伏在人类内心的野兽——'内在之兽')的恐惧,乃是人类最早便具有的感觉。

这种长久以来之古老的恐惧最后变得十分灵敏,而又富于精神性和知识性——我想这就是现在所谓的学问。"

求道者如是说着,而查拉图斯特拉正好在这个时候回到洞里来,而且也听到了后面的这一段话。他将一把玫瑰掷给求道者,并对其所说的"真理"莞尔一笑。"啊呀!"他叫道,"我刚听到了什么呢?真的,我觉得你疯了,不然就是我疯了。我要立即将你的真理倒过来。"

恐惧感不过是我们的殊例,而勇敢、冒险与对未知事物的热情中——总之,就是勇气,我觉得这才是人类整个原始的历史。

人类曾经嫉妒过最野蛮与最勇敢的动物，继而乃将他们的一切精神据为已有。就这样，他们成了人。

这种勇气最后变得十分灵敏而又富于精神性和知识性。

《查拉图斯特拉如是说》

何时告别才好呢？——你对于自己想要认识的东西，最好暂时与它告别吧！即使是短暂的片刻也好。当你要离开一个城镇时，方知那些高塔都是耸立在那本来就高耸的屋顶上的。

《人性的》

如果不是在通向认识的道路上有如此多的羞耻要被克服，那么，认识的吸引力是微不足道的。

《善恶彼岸》

由于自身遭遇而受苦极深的人，比最聪明、最有智慧的人能够知道更多的东西，他知道他的道路，并曾经对遥远的、可怕的"你一无所知的"世界"了如指掌"。受难者这种精神上默默无言的崇高，作为知识的选民、"直接真传的"和几乎被牺牲了的人的骄傲，找到了各种必要的装饰，来保护自己，不接触他人伸出的怜悯之手，并且彻底反对在苦难上不相等的一切。深深的苦难使人崇高；它使人有了不同。

《善与恶之外》

"为了认识本身的缘故而认识。"——这是道德设下的最后的圈套，这样，人们再一次完全地陷入道德中。

《善恶彼岸》

谁从根本上是教师，谁就只在与他的学生的关系中严肃对待一切事物——甚至他本身。

《善恶彼岸》

一旦人们把其认识告诉了别人，人们就不再热爱其认识。

《善恶彼岸》

人们必须对好和糟作出回敬，但为什么恰恰向给我们造成好或糟的人？

《善恶彼岸》

只要人们还轻视，人们并不仇恨，而是只有当人们相等地或更好地评价时。

《善恶彼岸》

怜悯在一个进行认识的人那里有一种几乎发笑的作用，正像细嫩的手在一个独眼巨人那里的作用一样。

《善恶彼岸》

关于自己谈得很多，这可能也是自身隐蔽的一个手段。

《善恶彼岸》

在赞扬中比在谴责中有更多的纠缠不休。

《善恶彼岸》

在严厉的人那里，亲密是羞耻的一件事——和某种宝贵的东西。

《善恶彼岸》

尼采的箴言

与心理学和意识要素的评论（所谓的非自然科学）相比较，自然科学的最大可靠性正是建立在把陌生之物当作研究对象的基础上，而且这研究对象充满着矛盾和荒谬。自然科学不把熟悉的事物当作研究对象……

《"认识"的起源》

当人们训练其良心时，良心就咬和吻我们。

《善恶彼岸》

哈姆雷特——深深地看到事物的真正本质。他觉悟，却不愿采取行动。因为他知道，他的任何行动，都不能对事物的永恒状况有任何改变。同时，如果你说他应把纷乱的状态恢复正常，他会把这种责难看成滑稽、可笑或贬低这种责难的价值。了悟扼杀了活动，因为要行动就需要一种幻象的帐幕——这便是哈姆雷特的智慧。

《诞生》

"高贵"是什么呢？"高贵"这个形容词，对于今日的我们，又有什么特别的意义呢？这个统御世上贱民的天空——日益变成不透明的铅白色。高贵的人又如何出现，又如何为人所知呢？

证明他们的存在，并非由于他们的行为——行为往往有着暧昧不明的定义，并不可信——当然也不是因为他们的"职业"，因为它只代表一个阶段——而应是以新的意识形态，来解释昔日的那种宗教"信仰"。高贵存在那深具自信，且自行追求高贵灵魂的人身上，并非庸俗的人所能求，也非庸俗的肉眼所能见，更不是庸俗者所能否定的。——所谓高贵的灵魂，即是对自己抱持敬畏之心。

《彼岸》

在一团和气中没有什么人的仇恨，但正是因此有太多的人的鄙视。

《善恶彼岸》

我在街头巷尾听到这一解释，我听到民众中有人说："他认识我。"于是自问：民众到底是怎样理解"认识"的呢？当民众需要"认识"时，他们需要的到底是什么呢？他们需要的无非是把某种陌生的东西还原为某种熟悉的东西罢了。

《"认识"的起源》

我们哲学家对于"认识"的理解是否更多一些呢？所谓熟悉，就是我们对某种东西已经习惯，不再对它感到诧异，比如我们的日常生活，我们置身于其中的某一规律，我们十分在行的桩桩件件。什么？我们求知的需要不正是追求熟悉事物的需要吗？不就是那种在一切怪异、不寻常、值得疑问的事情中发现某种不再使我们为之焦虑不安的东西的意愿吗？难道不是恐惧的直觉责成我们去认识吗？难道认知者的快乐不正是重新获得安全感吗？……当哲学家把世界还原成"理念"时，他就说世界"已被认识了"。噢，难道这不是因为他对这"理念"太熟悉、太习以为常吗？难道不是因为他对这"理念"绝少感到不安和害怕吗？噢，这便是求知者的自满自足呀！看看他们的原则和对世界之谜的答案吧！每当他们在事物中和事物背后重新发现了什么——可惜都是我们耳熟能详的东西，比如是我们的基础知识，或者是我们的逻辑、意愿、贪求等等，他们是多么高兴啊！因为"熟悉的东西就是已经被认识的东西"呀。在这一点上，他们是一致的，其中的胆小者认为，熟悉的至少比陌生的易于认识，而认识的方法是从"内心世界"和"意识中的事实"出发，因为它们是我们熟悉的呀！真是荒唐到极点！熟悉的就是习惯的，而习惯的却是最难"认识"的。把习惯的当作问题，当作陌生的、遥远的、"我们身外"之物加以认识，真是相当不易啊……

《"认识"的起源》

人和时代对痛苦、即对心灵和肉体痛苦的认识不同，这是区分人与人、时代与时代的无可替代的标识。

关于肉体痛苦，尽管我们的健康大受损害，衰弱不堪，但因缺乏足够的自我体验，故而我辈同恐怖时代相比既蠢钝又喜幻想。恐怖时代是最漫长的时代，各人为了免受暴力的侵害，必须自我保护，甚至不得不成为施暴者。当时，人们对肉体的痛苦和残疾有着丰富的历练，把遭受残酷、把自愿经受痛苦视为必不可少的自我保存手段。人们既教育周围的人要忍受痛苦，又乐于给别人添加痛苦，看见令人发指的痛苦被转嫁到他人身上，自己便只剩下一种感觉，即自我安全感。

关于心灵痛苦，我是这样观察每个人的：看他是用自身的经验还是用旁人的描述认识它；看他是否尽管佯装痛苦，但仍然认为有必要把痛苦当作精心塑造自己的一种标识，或者，看他是干脆否认自己心灵底蕴的剧痛，还是直言这剧痛，就像直言肉体的剧痛比如牙痛胃痛一样。

尼采的箴言

可是，现在大多数人给我的印象是这样的：由于对双重痛苦缺乏普遍的历练，受苦者的模样又很奇特可怕，故而产生的后果是：时下的人们与过去的人相比，对痛苦的憎恶可谓刻骨铭心，对它的非难远胜于当时，觉得痛苦的存在——不妨说是理念中痛苦的存在——几乎无法忍受，从而谴责整个世界失去天良。种种悲观主义哲学的登场断然不是象征着可怕的剧痛，而是对各个时代的一切价值提出怀疑。在这些时代，生活的娴雅和轻松使得心灵和肉体的小痛苦看似充满血腥味的凶神恶煞——其实那痛苦就像蚊子叮咬一般，况且在所难免——又利用人们缺乏真正的痛苦体验，使得普遍的痛苦理念像是无以复加的痛苦似的。

现在，已有一种药方可以医治悲观主义哲学和痛苦过敏性——我以为这过敏性就是"当代的痛苦"。可是，这药方听起来着实过于残酷，它或许可以列入那一类病症，即人们据此可以判断"存在即恶"的病症。那么，诊治"痛苦"的药方便是痛苦。

《快乐的科学》

思想是我们情感的影子，思想总比情感暧昧、空幻、简单。

《快乐的科学》

读书·写作

对我而言，一般的阅读是我用以复原的一种方法。因此，它是构成那些使我逃避自己的东西的一部分；它也是使我漫游于新奇科学和新奇心灵世界的东西的一部分——它是我现在不再关心的东西的一部分。在我埋首于工作时，我的四周是看不到书本的，我小心地不让任何人在我面前说话甚至思考，因为那就等于是在阅读……

自我壁垒是精神饱满最初的一种本能的谨慎。要我容许一种不为我所知的思想爬过墙头——因为那正是阅读所指的意义……

工作和创作时期之后，便是我的复原时期。对我而言，一些令人愉快的、聪明的且充满智慧的书籍，便是我借以复原的东西。

《瞧这个人·聪明》

伟大的文章体裁——产生在战胜时代洪流的怪物时。

尼采的箴言

《人性的》

我们不是埋首书本并由书本产生思想的人。我们的习惯是在户外思考、散步、跳跃、攀登、舞蹈，最好在阒寂无人的山间，要么就在海滨。在这些地方，连小径也显出若有所思的情状。至于书籍、人和音乐的价值，我们首先要问："它会走路吗？它会舞蹈吗？"……

我们很少看书，但我们读得并不比别人差——噢，我们能马上看穿一个人的思想是怎样产生的，可以知道他面对墨水瓶，弯腰驼背，伏案写作；噢，我们也很快读完了他的大作；他那被死死揪住的五脏六腑泄露了自己的秘密，我敢打赌！正像他那斗室的空气、天花板和逼仄的空间泄露其秘密一样。这便是我合上一本诚实而渊博的书所产生的感觉，并油然而生感激，且如释重负……

《快乐的科学》

注意语气——年轻的作家，往往都好表现，喜欢提出标新立异的思想，常会在文章中告诉读者："知道吗？只有我才是那颗宝石，在我身边的家伙都是一些铅块，是那种苍白且无用的铅块罢了！"文章里一旦出现这种口气，那一页，不！那整本书必然皆是一些自以为是、毫无可取的内容。

不论是任何话语或任何思想，不应只局限在那些"他自己的朋友"之间传诵才对，这一点也适用于写文章之时。

《人性的》

有一些读书的技巧是有待学习的，而在今天，这些东西已经逐渐为人淡忘了——那便是反刍——所以，如果你们真的想要阅读我的著作，必得要花上一段不算短的时日才行。为此，读者必得像牛反刍一样一再地阅读才行，那种"现代人"式的匆匆瞄过，是不能真正了解书中的真谛的。

《系谱·序》

我厌恶那不用心读书的人。

再过一个世纪，这些读者——其精神亦将与草木同朽。

如果允许每一人都能读书，最后不仅会破坏写作，甚至还会累及思想。

《查拉Ⅰ 读书与写作》

尼采的箴言

学者的著作几乎总有某种压抑和被压抑的东西在其中,"专家"总会在著作中显露自己的形象、热情、真诚、愤怒、对"蜗庐"的溢美、驼背——凡专家均驼背。一部学术专著总是反映被扭曲的心灵。其实,每种职业都是扭曲的。

让我们与共度青春时光、现在学有所成的朋友重逢吧。噢,他们的结局常常与我们预期的相反!噢,他们一直受科学的役使,弄得神魂颠倒!置身于逼仄的一隅,被压抑得无知无感,失去自由和心态平衡,瘦骨嶙峋,全身棱角分明,只有一处是圆的。多年暌隔、一朝重聚真使他们激动不已、又无言以对呀。

任何一种职业,即使它是黄金铺地,其上方也有一块铅质的天花板压抑着,心灵是以扭曲。这是无法变更的事实。我们不相信通过某种教育技巧可避免这畸形的产生,世上的高超技巧都要付出。

《快乐的科学》

我们不能超越一切书籍,这难道应怪罪书籍吗?

《快乐的科学》

人们注意到,从前的散文大师都是诗人。不管公开承认也罢,还是私下或在"小室"里承认也罢，事实确实是这样。真的，只有用诗的形式才能写出优美的散文！

散文是一场与诗歌角逐的战争，连绵不断文学战争。散文的魅力就在于避开诗，对抗诗。诗的抽象被它当作反对诗和嘲笑诗的狡猾手段，又说什么枯燥和冷峻把妩媚的诗歌女神带入妩媚的绝望。散文和诗也常常有片刻的接近与和解，但顷刻间又出现倒退并爆发出相互的嘲笑。散文常常把帷幕拉开，让刺眼的光线照进来，而诗歌女神却正当享受她的朦胧和晦暗色彩；散文常常先开口说出诗歌女神欲说的话，唱完一种曲调，可是诗歌女神对这曲调听不懂，一直把玉手套在耳畔。在这场持久战中，出现无数战斗的快乐，也出现失败，而所谓的散文家对失败却不加理会，依旧写着和说着那朴实无华的散文！

……本世纪有四位具有诗人气质的奇才，其散文达到炉火纯青的境界。本来，这个世界是不适合于散文存在的，只因缺少诗，才有散文的地盘。歌德不算在这四位散文大家之列，我们这个世纪廉价地利用了他，才使其显身扬名。我认为这四位是里奥帕蒂、梅里美、爱默生和兰道。兰道是《想象的对话》一书的作者，此人堪称散文大师。

尼采的箴言

《快乐的科学》

那些埋首于堆积如山的书籍中，无所作为的学者，最后终会完全失去为自己而思想的能力。如果没有书本在他的手上，他就根本不能思想。

当学者思想的时候，对他而言，那也是一种刺激的反应——有思想的读。而最后，他所做的一切，却都将只是一种无意义的反应。学者把他一切的能力都放在肯定、否定或批判那些早已被人写出来的东西上——而他自己却不再思想……

学者的自卫本能恐怕已完全消灭了，否则怎会丝毫不排斥书本？所以，我说学者是——一个衰颓者。——他们要点燃火花——"思想"时，恐怕就像那些必须借助别人的力量才能点燃的火柴了。

当一个人在力量正值充沛且方兴未艾的时候，在自己的生命力正处于黎明之时读书——就不能说他是在读书。

《瞧这个人 有关人性》

世间存在愤怒的废话，常见于路德和叔本华。因为概念和公式太多而产生另一种废话，康德便属这种情形。因为喜欢用不同的说法来表达同一事物又产生第三种废话，蒙田便是佐证。第四种废话来自不良的本性。

凡是阅读当代文章的人都会想起两类作家：一类喜欢说好话，由优美的语言而生废话，这在歌德的散文中并非少见；另一类因为对内心情感的喧嚣和混乱感到称心快意，故而废话连篇，例如卡莱尔。

《快乐的科学》

哪里有宫廷，哪里便有说好话的准则和作家写作风格的准则。宫廷的语言就是廷臣的语言，廷臣没有专业，即使在谈论科学问题时也不使用方便的术语，因为这些术语是专业性的。所以，在充斥宫廷文化的国度，凡专业术语和一切显示专家身份的东西都是风格上的疵点。

当今，所有的宫廷无不沦为过去和现在的讽刺漫画，在这一点上，人们惊诧地发现了伏尔泰，这实在叫人有莫名的尴尬（例如，他在评论冯达诺和孟德斯鸠这类风格的作家时）。我们今天已从宫廷趣味中解放出来，而伏尔泰却是使宫廷趣味日臻完美的人。

《快乐的科学》

尼采的箴言

世间有许多非常有价值的珍贵图书，要完好地保存它们，并让人们读懂它们，需要数代学者的努力。一再地加强这一信念，便是语文学的任务。语文学的前提是：世间并不缺乏知道如何使用珍贵图书的稀世人才（尽管人们不能立即看到他们），他们就是自己撰写这类珍贵图书或者有能力撰写的人。

《快乐的科学》

人们知道，几个世纪以来，普通书面德语源于何处。德国人由于对来自宫廷的东西尤为敬重，故而有意将宫廷文书视为楷模，对于宫廷的信函、证书、遗嘱之类无不一一仿效。按公文体写作，也就是按宫廷和政府的文体写作，这便是城里人使用德语的高雅之处。久而久之，人们做结论、讲话也学书面文体了，而且在说话方式、遣词造句、选用习语，甚至在声调上都变得更为高雅了。说话用一种矫揉造作的宫廷腔，这腔调经久而成自然。

《快乐的科学》

A：我不属于那些一面挥笔疾书一面思考的人；更不属于面对墨水瓶、坐在椅子上、呆视着稿纸、任凭激情所左右的人。我总对写作感到烦恼和羞愧，但写作于我又是必不可少的事务。我甚至讨厌用一种比喻来说明。

B：你为何要写呢？

A：噢，亲爱的，说句知心话：我至今还没有找到其他办法以摆脱我的思想。

B：为什么要摆脱呢？

A：为什么？我想摆脱吗？我必须摆脱！

B：够了！我懂了！

《快乐的科学》

最差的读者就像那些战后到处掠夺民家的人。他们从书中选出几项他们所需要的，对于其余的，他们把它丢到一边，撕烂它，并以狠毒的话攻讦整本书。

《人性的》

研究的因果如下——喜好模仿的人，会因在研究中的刺激而从喜爱中理解，唯有那些致力创造作品的人，才会真正地去学习……这也就是歌德之所以能理解古代文学的理由，他常以那些古人作为竞争时的精神支柱。

《初期论文·我们的文献学者》

在研究文献学时,有一件事是必须要求的——那便是迂回、花时间、沉着、慢慢来,这是种为今人所忽略的技巧。在今天这"繁忙的时代"——亦所谓"急躁"的时代——对于每一件事都得找出"速成"的方法,这真是一个令人汗流浃背的急躁时代……

然而,文献学可不能急于一时,我要你们仔细地读。要慢慢地、深入地、前后仔细地阅读、仔细地思考,直到豁然明白为止,一定要用手写和用眼睛仔细地读才行……

《曙光·序》

我们很少看书,但我们读得并不比别人差——噢,我们能马上看穿一个人的思想是怎样产生的,可以知道他面对墨水瓶,弯腰驼背,伏案写作;噢,我们也很快读完了他的大作;他那被死死揪住的五脏六腑泄露了自己的秘密,我敢打赌!正像他那斗室的空气、天花板和逼仄的空间泄露其秘密一样。这便是我合上一本诚实而渊博的书所产生的感觉,并油然而生感激,且如释重负……

学者的著作几乎总有某种压抑和被压抑的东西在其中，"专家"总会在著作中显露自己的形象、热情、真诚、愤怒、对"蜗庐"的溢美、驼背——凡专家均驼背。一部学术专著总是反映被扭曲的心灵。其实，每种职业都是扭曲的。

《快乐的科学》

在与这类迷信斗争数千年后，我们队伍中一些聪明绝顶的智者有时仍不免沦为韵律的傻瓜，尽管他们感觉到某种思想比它的韵律形式更真实。一直也有那么一些严肃的哲学家，平时言之凿凿地援引诗人的箴言，以加强自己思想的力量和可信度，这难道不是十分可笑的事吗？对真理而言，诗人赞同它比否定它更危险！因为正如荷马所说："吟唱的诗人，弥天的谎言。"

《快乐的科学》

学习就自己使自己有天赋——不过学习并非易事，不能光靠善良的愿望；必须善于学习。

《曙光》

尼采的箴言

最幽默的作家使人发出几乎觉察不到的微笑。

《人性,太人性了》

必须不断地听取他人的自我——这也就是所谓的读书。

《瞧这个人·人性的》

四分之三的力量——如果一位作者想写出一本美好且健康的作品,他必须切记只需使出四分之三的力量就够了。

相反的,作者使出全力所写出的作品,不仅会让读者感到兴奋,且会由于紧张,而陷于不安。

所有美好的东西,多少有点懒散的特质,好比一头母牛躺在牧场一样。

《人性的》

从容不迫——无法想象一个人生下来精神就已经成熟了。当他完成作品之后,便像秋天黄昏的落叶坠落于地。希望他不要被性急的渴望,勉强地写出他无法胜任的作品。

《人性的》

学习·成才

学习改变了我们，它所起的作用是一切营养物所起的作用。

《善恶彼岸》

消化这件事，于健康上，非有一种怠惰不可。

同一道理，想消化体验也必须如此。

《查拉时代遗稿》

书本往往具有独立的人格——不论是哪一位作者，每当书本脱手之后，书本本身也脱离了他的生活。他每每会为昔日的著作感到惊讶。就好比是从一只昆虫上切除了一部分的肢体，而作者眼见自己肢体的一部分离自己而去似的，或许他早已将自己的著作给忘得一干二净了。他早已否定自己昔日的意见，而到更高的层次了，或是早已忘了昔日曾有过如此的著作。他早已遗忘了昔日的翱翔于天际的翅膀了。

而脱离作者后的这本书，将靠自己的力量去寻求读者。自己点燃生命火花，或沉醉于自满的喜悦当中，或深陷于恐惧当中。而作者本人却企图再写出与以前完全不同风格的作品。——外表看起来，作者的精神与灵魂依然存在，然而他埋首著作时，早已脱离人类的境界了。

……

——不只是书本，即使是人类的任何行为，也都和世界脱离不了关系。事实上，世界上的任何小波动，都将影响这本书的现存价值。而这个世界事实上是"不死""永恒"的，而且是"恒动"的。在恒动的世界中，书本犹如镶入琥珀石中的昆虫，将永远给保存下来。

《人性的》

我见过那些只有一个"专长"——但已嫌太过的人，他们老觉得自己缺少一切。事实上也的确如此，有的人就只有一个大眼睛、大嘴巴或大肚子——除了某一样大得有点多余之外，便一无所有了。

我通通称他们是残废者。

当我走出独居之处，初次经过这座桥梁时，我几乎不敢相信自己的眼睛。在一番凝视之后，我终于说："那是一只耳朵，一只如人般大的耳朵……"我趋前更仔细地察看，没错，在耳朵的下面还有一样纤弱的小东西。真的，这个庞然巨大的耳朵，乃是长在一根细小的茎干上面——而那个茎干竟然是一个不折不扣的人。如果有人用放大镜仔细观察，便可以看到一个满怀忌妒的小面孔，还有一个傲慢的灵魂，在这茎干上摇摆着。不过人们告诉我："这只大耳朵不但是一个人，而且还是一个伟人，一个天才！"当人们以这样的口气批评一位天才时，我是从来不会相信的。

《查拉Ⅱ　救济》

如果一个有天才的人至少还不具有有关的两种东西——感谢和纯洁，那么，他是非常讨厌的。

《善恶彼岸》

一个好作家不但拥有他自己的才智，而且还拥有他的朋友们的才智。

尼采的箴言

《人性,太人性了》

有些人被认为是"公正的天才"!但我却鄙视他们对于哲学、政治或者艺术的天才所下的肤浅评价。他们打从心底厌恶那种被世人认为是混淆视听的判断或见解,他们否定所有违反自己信念的见解,他们试图对不论生的或已死的事物、现实或只是脑海中的思想、所有别人的思想,做一个肤浅又自以为是的评估。

为此,他们必须对每一件事有一番肤浅的认识。所以这些被誉为"公正的天才",便以最肤浅的眼光来观察事物最重要的本体,以严格无比的观察力来评审事物的末端小节。对于他们的敌人,更是以盲目、短视的"信念",来施予无情的批评——这便是他们的真理。

《人性的》

一个伟人不单有他自己的才智,他还有着他的朋友的才智。

《善恶彼岸》

所谓天才——不过是在寻找更高的目标,和前往那里的手段的人。

《人性的》

对那些具有天才的人，如果在他们身上没有这两种东西，就不足取了——那便是"感激"和"纯洁"。

《彼岸 七四节》

所谓"问题"——当你一个人观察一件事时！你的解决方法却是——基于几百只眼睛，从各种人格中发出对于某些事物的看法。

《知识时代遗稿》

这座山使得被它控制的整个地区变得妩媚动人、身价倍增了。我们在对自己说过一百遍这样的话之后，便失去冷静并对它感激不已，相信这山作为妩媚景致的赐予者必然是该地区最具魅力的，于是，我们终于登上此山。岂料兴味索然！这山，以及我们脚下的万般景色顿失魅力！

原来，我们忘却了这一层：许多的伟大，一如许多的美好，只能隔着一定的距离看，并且只可仰视，不宜俯瞰，这样，它们才能发挥效力。也许你是从近处熟悉人的，可那人总希望别人从远处看他，以便保持自己的吸引力，并对他人施加影响。自知之明，他是绝对不要的。

《快乐的科学》

观察不甚仔细的人比那些在"变化滚动中"观察一切的人占优势。在推论中过分谨慎，或者怀疑成癖，本来就对生命构成极大的危害。谁没有相反的癖好，谁就不能自我保存。相反的癖好指的是：宁愿肯定而不做判断；宁愿出错、虚构而不愿等待，宁愿认同而不否定；宁愿评估判断，而不要正当——正当要经过极严格的训练才行啊！

《快乐的科学》

休息、悠闲、等待、耐心——所有的这些就等于是思维！

《瞧这个人·人性的》

为了产生科学的思考，必须创造和培育出各种必要的力量，并使它们结合在一起。这些力量各自单一发生作用常常不同于它们在科学思考中相互限制、相互控驭的作用。比如，怀疑的本能、否定的本能、等待的本能、聚合的本能、分解的本能等等力量犹如毒药在起作用。它们尚未懂得彼此的并存、尚未懂得互相间是作为人的内心有组织的力量在起作用之时，大批的人就已沦为牺牲品了！

我们要在科学的思考中加进艺术力量和生活的实践智慧，形成一种比我们现在所熟悉的由学者、医生、艺术家和立法者这些老古董组成的有机体系统更高的有机系统。我们离这个目标还有多远呢？

《快乐的科学》

创造——并不是指新创任何新的东西，而是那些自古已有、已为人所知、平日耳濡目染的东西，发现这些"新的东西"的人，便具有独创的头脑。而那些发现真正新的东西的人，却被认为是一个幻想家——一个满街都是的家伙。

《人性的》

思考已失去形式上的尊严，人们嘲笑深思熟虑那一本正经、庄重异常的姿态，对于老式风度的智者，人们简直无法忍受了。

我们思考是非常快捷的，半途上，行走中，在处理各种事务时

尼采的箴言

均可思考，哪怕思考极端严肃的事情也无妨。我们不需要什么准备，也不需要宁静的环境，在我们的头脑里有一部不停运转的机器，它在最差的环境中亦可运作。

当初人们能猜出某人在思考——这或许是个例外的情况！——现在人变聪明了，思考时是非常安详的，做出祈祷一样的面部表情，停下脚步。当思想"来"时，他可以在大路上伫立数小时之久，用一只脚或两只脚站立，这样才"与事相称"啊！

《快乐的科学》

文学·艺术

　　歌德笔下的人，是一个坚强、极有教养、对于自己身边的事情整理得有条不紊、能够自我抑制、敬畏自己的人；是个不奢求自己不应得的事物，却能致力于获取他所应得的那种人。并非柔弱的允许，而是强者的宽容。他们不放弃与生俱有的平凡天性，并懂得善加利用，来使自己有所长进。他不在意别人评论他的品德。除了克服自己柔弱的天性外，这种人对任何事都不会有所禁忌的……

　　可喜的是，这种充分自由的精神，都拥有值得信赖的宿命观，堪以承受任何打击。他们容许斥退单一的事物，对于全体的事物或人，却依旧心怀慈悲，打从心底肯定人类存在的价值。他不再否定她的存在——这种信仰才是最高等的。

《偶像·游击》

尼采的箴言

艺术家选择素材,这就是他的赞美方式。

《快乐的科学》

只有艺术家,尤其是戏剧艺术家才给人们安上眼睛和耳朵,让他们高高兴兴地看和听;每个人自己是什么,经历了什么,自己想干什么;他们教会我们如何评价英雄,本来,我们芸芸众生里并无人知晓这英雄。他们教会我们一种艺术:怎样把自己当成英雄,从远处简略而清晰地观察自己,此乃将自己"置于场景中"的艺术。于是乎,我们得以摆脱了身边鄙琐之事!

《快乐的科学》

文化的巨人们——率领众人横越冰河,前往绿油油的盆地。他们率领众人占领那拥有数条小河的牧场和山谷,让追随的人生活得更幸福。人类的历史也是这样的。人们以最残暴的武力去破坏一切之后,再以最祥和的良俗来建立家园。为了让家人更幸福,这股邪恶的破坏力量是不可或缺的——这些文化的巨人即是人性的建筑物,也是人性的开拓者。

《人性的》

查拉图斯特拉三十岁时离别故乡和乌尔米湖，来到山上。他在山中以孤独和思考为乐，十年间乐此不疲；然而最终还是改变了主意。

一天早晨，朝霞满天，他起床后迎着朝阳走去，并对它说："伟大的太阳啊！若是你的光辉不照耀人们，你又有何幸福可言呢！十年来，你每日登临我的穴居处。倘若没有我，没有我的鹰和蛇，你大概早就厌倦你的光辉和你来我处的这条路径了。每个黎明我们将你等候，欣然接受你充沛的光明，并虔敬为你祝福。

"看啊，我多像一只蜂儿，聚敛了大量的蜜汁，对自己的智慧已感厌倦了。我亟须人们那一双双伸开的手，好把我的智慧馈赠、奉献给他们，直到智者再度因自己的愚蠢而欢欣，穷人再度因自己的财富而快乐。为此，我必须下山，正如你每日傍晚降落在海的背后，并给另一个世界送去光明。噢，你，光热无量的太阳呀！我必须像你一样'落'下去，下山，到人群中去。"

《快乐的科学》

对悲剧的东西的感受是随感性而增减。

《善恶彼岸》

尼采的箴言

一个剧作家要是不把一切变成理性和言语，而手里总是保留小段沉默，那么，人们就会理直气壮地责备他；但是，假如一位歌剧音乐家不知道为最佳的艺术效果捕捉旋律，而只知道寻找效果颇佳的、"符合自然"的呐喊和结巴，人们对他也会不满的，这也同样违反了自然！这里涉及的问题是，鄙俗的、"想当然的"激情应该让位于一种更高的激情！

《快乐的科学》

体验与创作——我们所谓的意识是无法让人明了的，或许可以说是不愿让别人了解的。可是，当我们阅读自认为可以了解的原文时，多少也都会加入自己幻想的诠释，于是我得详细地将自己的意见写下来……到底我们的体验又是什么呢？与其说是本来已有的内涵，不如说是我们自己所加入的诠释吧！或许我们可以说是自己想明了"这里面还缺少什么？"不是吗？体验不就是一种创作吗？

《曙光》

关于盛世时代，诗人所谓"灵感"的东西，在十九世纪末的今日，不知谁还拥有清晰的观念？如果没有的话，就让我来说说吧！

只要稍具有迷信残滓的人，对于自己是在压倒性强力的化身，以及媒体等的念头，恐怕无法拒绝吧？例如——很突然地说出别人的心内事，或者好像看透了一个人般，精确而神妙地说出有关对方的一切事情；甚至耳朵突然听到常人听不到的声音……诸如这些一般人所谓的"启示"，充其量只不过是在陈述事实而已。

人类习惯聆听，而并非到处打探；人类惯于接受，而不去问谁要给予。就犹如闪电一般，在毫无踌躇之下，脑际闪出了一种思想。

那种令人恐怖的紧张，带来了眼泪的激流；狂喜之情使步调时而快速，时而缓慢；微妙的情绪以及微痒的颤抖感觉，一直传到脚尖——那种伴着意识浑然忘我之状态。逢到这时，就算是最悲惨甚至最阴沉的事，也无法与那种状态对立。这时，最富于战争性的要求，乃是以必然颜色发生作用的幸福深度以及节奏——这些都是用来衡量灵感之力的尺度，也是对于其压力及紧张的一种调节。

这一切，都会在非自由意志之下发生。不过，仿佛是在自由的感情暴风雨之下，或者是在无限制权力以及神意之下发生似的……

形象及比喻的不随心，乃是最值得注目的一件事。形象是何物、比喻是何物的概念已经不存在了。一切都会变成最为接近、最为正确，以及最为单纯的表现。实际上，只要你想起左拉多斯都拉的一句话，你就会感觉到——仿佛事物自动地接近你、给你当成比喻使用似的——"在此地，所有的东西都会一面爱抚你，一面靠近你，向你献媚，因为大象骑在你的背上驰骋之故。到了这个境地，你可以骑在所有的比喻上面，朝向一切真理驰骋。到了此地，一切存在的言语之箱，将朝你打开，一切的存在将成为言语；而一切的生成，将跟随你学习谈话的技巧。"

《查拉Ⅲ　归乡》

夜 之 歌

深夜，喷泉的声音显得格外高昂，

我的内心犹如一股无休止的喷泉。

深夜，万籁俱寂的片刻，

有人低吟恋曲，

而我的内心也是一首恋人之歌。

在我心中，有一股无以名状的焦躁，

渴盼得以宣泄，

它始终得不到平静，也无法平静。

在我心中，有一股爱的渴求，

正诉说着爱的言语。

但愿我能化作深夜——然而我

却是光啊!围绕我的,

只有我的孤独。

啊!但愿我便是那黑暗与深夜的一切——

我要尽情地在光的胸怀,

如婴儿般吸吮它的乳房!

你们这些闪烁的明星,天上的萤火虫啊!

请接受我由衷的祝福吧!但愿

我也能分享到你们所赐予的光明!然而

我却生活在自己的光里,

不断地啜吸迸自内心的火焰。

我完全不了解接受者的喜悦,但我

当梦想着偷窃——比接受更美好的祝福。

我的困窘在于我的双手不停地忙着施予,

而我的嫉妒则是我常见到的那些——

期盼的眼神和憧憬的明夜。

啊,这全是施予者的悲哀!

尼采的箴言

我的太阳亦已黯然!

憧憬的渴望、饱足中的饥饿……

他们从我这里取得了所需的一切;然而,

我是否已触及他们的内心了呢?

在取与予之间筑起一道沟,

在最小的鸿沟架起一座桥。

从我的丰富美中,生出一股饥渴,

我很想凌虐那些接受我光明的人们,

抢回我所给予他们的礼物——

我是多么想干坏事啊!

每当我伸出一只手时,却想缩回另一只手,

犹如迟疑而不愿宣泄的小瀑布,徘徊犹豫——

我是多么想干坏事啊!

我那充实富裕的心,积极地想设计一种报复的行为,

人们的哀伤便是由我的孤独所造成的。

在施予中,我已失去往昔施予时的喜悦,

我的道德亦已失去自己的富裕。

经常施予的人,可能日渐木然而不知羞耻,

因为施予的缘故，他的手与心覆满厚茧。

我已不再为那些乞求者的羞愧而垂泪，

也无法感觉到受施者手上的颤抖。

我那激动的眼泪和多愁善感的心都到哪里去了？

啊！施予者的孤独……

噢！发光者业已沉默了啊……

许多太阳绕行着不毛之地，以光和深夜交谈

——于我则相对无言。

啊！这亦是光对于发光者的敌意，

它漠然地径自继续前去。

每天，太阳对于发光者都抱着偏颇的态度，

对于其他的太阳则极其冷淡。

——就是这样，

太阳继续地绕行不已。

每个太阳都狂暴地循着自己的轨道前进，

那是它们的旅游。

奉行自己铁般的意识——

每个太阳冷酷无情的心。

啊，只有你们这群夜行者，才会向发光者取暖！

噢！也只有你们，

才会吸啜那发光的乳房一如啜取灵酒。

啊！我被冰所围绕着，

我的双手也冻得发烫！

噢，我的内心热切地渴望着，渴望着——

能有你们的渴望！

已值深夜，我却必须是光！却又渴望着黑暗与孤独！

已值深夜，我内心的渴望犹如喷泉般迸涌着

——我渴望能尽吐心声。

深夜，喷泉的声音显得格外高昂，

而我的心也像一股汹涌的喷泉。

子夜，万籁俱寂，美丽的恋曲低低传来，

而我的内心也正是一首恋人之歌。

《查拉Ⅱ》

在我往更前方进行之前，

在我睁眼瞭望远方之前，

我又再度陷入寂寞之中。

我把我的手抬高,

在我能飞往那处之前。

我在心底深处暗暗地想着,

要向你献出庄严的祭坛。

我永远期待着你的声音,

能够再度呼唤我。

祭坛上面有精美的雕刻,

"献给不可知的神"这句话绽放着异彩。

我——就是属于神的,

即使我是属于冒渎你的众人之一,

我依然是属于神的——我衷心地相信。

不可知的神,你一定要知道,你永远存在我的心中,

像暴风雨般吹袭着我的生命。

真难捉摸的神,你尚且对我如此地亲切,

我深知你,否则,我但愿被你捉住。

尼采的箴言

《献给不可知的神》①

艺术——艺术是至高无上之物！它是使生存变成可能的伟大之物，也是对生存的伟大诱惑者，更是对生存构成极大刺激之物。

对于否定生存的所有意志来说，艺术是唯一粉碎它的优越对抗力。它是彻底反基督教之物，也是反佛教之物，更是反虚无主义之物。

艺术可以拯救认识它的人——对于看到生存恐怖问题的人，或者想一睹为快的人。也就是说，对于生存具有悲剧性认识的人，艺术可以伸出拯救之手。

艺术能够拯救行动者——对于看到生存恐怖一面的人，以及想在这种恐怖问题中求生存的人，也就是悲剧性的战斗者以及英雄，艺术都能够伸出拯救之手。

艺术能够拯救苦恼者——艺术能够净化苦恼、神化苦恼。使苦恼也能成为伟大的一种恍惚状态。

《权力》

---

① 此诗系尼采于1864年中学毕业时所作。

在与学者和艺术家交往时，人们很容易在颠倒的方向上犯错误：在一个值得注意的学者的后面，人们经常找到一个平庸的人，在一个平庸的艺术家的后面，甚至常常——找到一个很值得注意的人。

《善恶彼岸》

这位艺术家除了功名心别无所有。最终，他的作品只是供给每个人观看的放大镜罢了。

《快乐的科学》

瞧瞧这个人。

当然啦！我知道，我从那儿来。

就跟火焰一样，我从来就不感到厌倦。

我不断地燃烧，终于把自己燃烧殆尽。

我所捕捉的东西，悉数都变成了光；

我所放出去的东西，悉数都变成了炭末。

因为，我是火焰呀！

对个人而言，发狂的现象很少见。不过，对集团、党派、民族以及一个时代来说，那是很普遍的一种现象。

《彼岸》

威尼斯——

那是一个茶褐色的夜晚,

我独自一个人伫立于桥头。

如此一来,悦耳的歌儿从遥远处传来,

在一片漆黑中,歌儿化成黄金的水滴,

流转在微波荡漾的河面。

它与平底船、灯火以及音乐……

醉醺醺地随波漂流,终于消失在黑暗里面。

我的魂儿也感到飘飘欲仙,

随着一只眼睛看不见的手儿挥动。

脱口而合唱——

那一首船歌。

五颜六色的清福使我颤抖。

——于是,唱出无人听的灵魂之歌。

《查拉Ⅲ》

艺术家的气质，是一种例外的状态。他们深深地体会到精神病痛的根源，并与之紧密地结合在一起。就因为这样，艺术家要看起来没有病，似乎是不太可能的了。

《权力》

诗歌不是诗人脑子里产生出来而与这个世界脱节的奇异东西；它尽力成为与此相反的东西；它尽力成为真理的未加渲染的表现，因为这一缘故，所以它要抛掉罩在文明人所谓实在外面的没有价值的外套。在这个自然真理与文明虚伪谎言之间存在对立，正像事物的永恒本质与整个现象世界之间存在着对立一样。

《悲剧的诞生》

像面包这种东西，可以中和并掩盖其他食物的味道，所以在费时颇长的餐宴上，非得有它不可。一位艺术家如果没有这种东西，只是不眠不休地做下去，他就会感到厌倦，并且产生反感，其结果会使他无法像长时间的餐宴般持续下去。

《人性的》

尼采的箴言

与事物拉开距离，直至看不见它们；或者为了看清事物而追加补看；或者变换角度观察，从横截面观察；或者把事物放在某个地方使其产生部分变形和伪装；或者做透视法观察；或者用有色玻璃观察，在夕阳余晖里观察；或者赋予事物一层不完全透明的表层。凡此种种，我们都应向艺术家学习；岂止学习，我们应比他们更聪明才是，因为他们美好的力量一般是随着艺术的终止而终止，我们呢，我们要成为生活的创造者，尤其是创造最细微、最日常的生活。

《快乐的科学》

我们有什么办法可以把本来不美、不吸引人、不值得贪求之物变美、变得吸引人、变得令人贪求呢？

在这方面，我们可以向医生学习，比如，医生把苦的东西稀释，把酒和糖放进混合杯里，不过还可以向艺术家学得更多，因为他们本来就是不断致力于这类艺术的创作。

《快乐的科学》

我们现代人更老于此道，有着保持清醒、向往白天的良好意志！只要去爱、去恨、去渴求、去感受，那么，思想和梦幻的力量就充满我们全身，就睁着双眼坦然面对危险，沿着艰险之路向上攀登，登上天马行空般幻想的极巅，竟然没有出现丝毫的眩晕，仿佛天性就适合于攀登似的。我们艺术家啊，真是白日寻梦者！隐匿天性者！渴望月球和上帝的人！我们，沉默无语、不知疲倦的浪游人呀，并不视高处为高处，而是视为平地和安全处哩！

《快乐的科学》

艺术本质上的特点，也就是——只有它才能够"使存在完成"。同时，它也是一种祝福，一种神化之物。

所谓的厌世性艺术，到底意味着什么呢？那不是太自我矛盾了吗？当萧宾哈威尔使某种艺术作品对厌世主义发生作用时，他犯了很大的错误，因为悲剧并不说"断念"这个词。

表现恐怖的事物以及有问题的事物这件事，也就是艺术家权力及支配力的本能。是故，艺术家并不怕它。

厌世的艺术是不能存在的。……艺术能够肯定这一点。

可是，查拉又如何呢？堪库鲁兄弟又如何呢？他们所表示的事物是丑恶的。不过，他们表示那件事"本身"，乃是来自对丑恶之物的快感。

尼采的箴言

辩论是没用的！如果你们有另外的主张，那就表示——你们在欺骗自己。

《权力》

凡是思考、写作、绘画、作曲，乃至建筑和雕塑的作品，要么是独白式的艺术，要么是见证人的艺术。对上帝的信仰艺术、祈祷抒情诗的艺术表面上是独白式艺术，实则属于见证人的艺术，因为对虔诚的信徒来说，是不存在孤独的，这，是我们无神论者发现的真理。

要区别一个艺术家的整个观点，我以为没有比这更深刻的方法了：他是从见证人的角度出发看待自己的作品（看待"自己"），还是"忘却了这个世界"呢？每一种独白式艺术的本质都是基于"遗忘"，实为遗忘的音籁。

《快乐的科学》

我们对艺术的究极感谢——如果我们不承认种种所谓的"艺术"，又不曾发明所谓"艺术"的虚假崇拜的话，那么今日学识带给我们的非真实，以及虚构的洞察——所谓人类生存的条件之一，就是能够认识并感觉到妄想以及谬误——将使人难以忍受。

诚实很可能会招来呕吐……

不过，我们的诚实拥有一种反对势力，可救助我们，以免招致那种结果。那股势力也就是艺术，乃是对于假象具有善意的艺术。

如果我们的生存也称得上是美的现象的话，我们总是能够忍耐下去。

有时，我们得从自己本身逃脱，以便喘一口气，休息一下子——如此我们方能够看清自己，离开一段艺术性的距离，远远地端详自己的模样，又笑又哭。我们必须畏首畏尾地演出滑稽的戏剧。恰如我们对自己的智慧感到得意一般，也必须时时揶揄自己的愚蠢！

在究极之处，我们时常扮演抑郁不舒畅的角色。我们作为人的负担太重，正因为如此，丑角那顶附有铃子的怪帽子，对我们实在没有多大的用处。

不过对于我们本身来说，那顶丑角的帽子是必要的——因为，我们实在需要那种飘飘然，有如舞蹈，又有如嘲弄般类似儿戏的祝福艺术——为了不被我们理想所要求之事物所拘束，我们必须如此做。

为了我们最敏感的诚实，我们往往会跌入道德中，同时，由于对自己要求太严酷,很可能在不知不觉之间,变成道德的傀儡。这么一来,我们不就是在开倒车了吗?

我们必须能够凌驾道德而站起来。最好能够飘飘然地飞在道德上面,跟它嬉戏。

为此,我们绝对不能缺少艺术,正如我们不能没有丑角的表演一般。

——如果基于某一种原因,你们仍然对自己感到羞耻的话,你们就不算是我们的伙伴。

《知识》

形而上的安慰——关于这一点,我现在要说,所有真正的悲剧,都使我们获得这种安慰——即尽管一切现象都是变化不定的,但事物基础之中的生命永远是强有力和令人愉悦的。这种安慰在自然精灵人羊神合唱队,非常具体地被表现出来;这种自然精灵处在一切文明的背后,并且历经许多世纪和民族的历史发展,仍然始终如一。希腊人特别容易感受细微而深刻的痛苦,他们曾洞察自然和历史的破坏力量,可是,这些深奥的希腊人,却借着这种合唱队而自求安慰。他们曾有过陷入佛家那种否定意志的危险,但艺术救了他们，透过艺术，他们重新获得了生命的意义。

《悲剧的诞生》

艺术家们总是在不断地美化那些口碑甚佳的事物和状态，此外便无所作为。人们因为这些事物和状态而自觉良好、伟大、陶醉、快乐、舒适和聪慧。对于人的幸福来说，这些经过挑选的事物和状态确有其价值，这是早有定论的。它们是艺术家美化的对象。艺术家一直在窥探并发现它们，然后将其纳入艺术领域。

我说，艺术家本身并非是幸福和幸福事物的评价者，不过，他们总是挤到那些评价者身边，以极大的好奇和兴趣，企盼自己的评价立即产生功利。他们急不可待，更兼具备传令者的肺，跑腿者的脚，故而总是占得先机，成了美化善的人，始，对其称善，继而，做善之评价，并以此身份抛头露面。

不过，正如以上所述，这实在是一个误会，他们只不过比真正的评价者跑得快一点，闹得响一点而已。那么，真正的评价者是谁呢？——阔佬和有闲者。

《快乐的科学》

尼采的箴言

我以为，艺术家们往往不知道自己最擅长什么，因为他们过于虚荣，把心思全用在倨傲上。本来，这棵倨傲的幼芽在土壤里是可以长得十分完美、新奇而漂亮的，可惜他们高估了自己花园里和葡萄园里的珍奇，宝爱之物与对宝爱之物的审视不处于同一等级。

这儿有位音乐家，他比任何音乐家都擅长从受压抑、受痛苦、受折磨的心灵王国里发掘音调，甚至能赋予沉默的动物以言语；在表现暮秋的斑斓色彩、表现无比感人的最重要和最短暂的人生享乐等方面无人与他匹敌；他知道灵魂在隐秘而阴森的午夜会发出何种音响，他知道在午夜一切因果均无关联，随时都会有某种东西从"虚无"中涌出；他至为幸运，能够从命运的深层底蕴、从命运的酒杯——最酸涩、最恶心的酒与最甜蜜的酒混合于其中——汲取源泉；他熟悉心灵那疲惫的踉跄、拖曳，再也不能跳跃、翱翔，甚至连步行也难以为继；他对深藏的痛苦、没有抚慰的理解、没有告白的离别投去畏缩的一瞥；是的，作为一切隐秘痛苦的奥菲斯①，他比任何音乐家都要伟大。事实上，他已把某些不可言说的、看似对艺术没有价值的、用言语只会吓跑而不能捕捉的东西，亦即心灵中某些细微莫辨的东西纳入艺术轨道了。是的，他就是擅长刻画细腻情感的

---

① 奥菲斯，相传为古希腊神话中的作曲家，其歌曲之妙足以感动禽兽木石。——编者注

大师呀。

可是，他并不安于当这样的大师！他的性格喜好大的墙壁和大胆的壁画！他没有察觉，他的思想居然会有另一种审美情趣：宁愿悄然蜷缩在坍塌的屋角，独自画他那独特的杰作——不过均为短命之作，常常仅有一个节拍——这样他才自感舒适、伟大和完美哩！也许，他会永远落寞地生活在那里，但他意识不到这个！他过于自负、虚荣，因此不可能意识到。

《快乐的科学》

我们要针对艺术做什么呢？赞美它？歌颂它？或者选其精粹，普遍地让大家品尝？如此做了以后，艺术将增强某种价值评价，或者削弱某种价值评价呢？

这是否涉及次序的问题呢？或者只是偶然？或者，可说成是不重视艺术家的本能呢？

艺术家最低的本能，是否在追求生命的一种意愿呢？

艺术乃是对生命的一大刺激。我们是否能把它解释为没有目标的东西，或者是"为了艺术而艺术"的呢？

此地还有一个疑问。那就是——艺术也能够表现人生丑恶的一面，严酷的一面，以及奇怪的一面。我们是否能把艺术看成挣脱人生苦恼的东西！

事实上，就有一个哲学家给艺术加上这种意义。萧宾哈威尔说："艺术全体的意图，在于从意志获得解脱。"他又说："艺术能引起看破一切的情绪。"并且把这句话当成悲剧的最大效用。

不过，这是厌世主义者的看法，也是一种"邪恶的看法"。

那么，充满了悲剧性的艺术家，到底为自己叙述了一些什么呢？是否有如萧宾哈威尔所表示一般，面对着恐怖以为奇怪的事物，以致不得不感到恐怖呢？

其实，这种状态也就是一种高度的愿望。凡是知道这种状态的人，必然会对它表现最高的敌意。而且，他还会把那种情形说出来。如果他是艺术家，又是传播天才的话，他是不可能不传播它的。

面对着强力的敌人、崇高的怪物，以及能引起人战栗的问题，而能够勇敢又自由地表达自己的感情——这种胜利而耀武扬威的状态，正是悲剧性的艺术家所欲选择而加以赞美的东西。

习惯于苦恼的人、探寻苦恼的人、英雄典型的人，都喜欢以悲剧赞扬自己的存在——只有对这些人，悲剧性的诗人才会献上甘醇的酒。

《偶像·游击》

有一个古老的传说——米达斯王（King Midas 小亚细亚的 Burjgia 之王，据古希腊的神话，他曾向能点物成金的酒神 Donysos 祈愿，也能具有这种能力。）在森林之中追逐酒神戴欧尼索斯的养父，也就是森林、山野之神西雷耐斯（Silenos），但总是抓不到他。最后当西雷耐斯落入他的手中时，这位国王问他："人类最大的善是什么？"这位半人半神一句话也不说，只是站着不动。一直到最后，由于受不了国王的催促，终于哄笑地道出："啊！可怜的朝生暮死的人类，那命运的不幸产儿，你们为什么一定要我说出那些你们最好不要听的话呢？对你们而言，那最好的事情是你们永远无法达到的；亦即根本不要出生，不要存在，要归于无物。而次好的事情则是早一点死去。"

奥林匹斯诸神与这个普遍智慧有什么关系呢？那是一种殉道者在受到严刑拷打之后，产生的幻象与其痛苦的关系啊！

现在，这不可思议的奥林匹斯山展开在我们的眼前，向我们展行着她的山麓。希腊人深深地了解人生的恐怖和可怜。为了能够面对这种恐怖，他们不得不把奥林匹斯诸神的显明幻象摆在前面；为

尼采的箴言

了生活，希腊人必须创造这些神祇。那么，一个如此过度敏感、情绪紧张、易感痛苦的种族，如何产生生命的活力，及产生那代表人生完美与圆满，得以继续生存价值之艺术？然而，他们却产生了奥林匹斯的世界。这世界是反映希腊意志的一面变形镜。诸神自己过着人的生活，因而证明人生的正当性。像一个竟日工作的苦役一样，那最伟大的英雄也渴望来世，这并不是不对的。在荷马的笔下，人的"意志"是如此热烈地希望留在这个世界上，他是如此地与存在打成一片，因而即使是他的悲叹，也将变成一首赞美的诗歌。

《诞生》

有一个无懈可击的传说，认为最早的希腊悲剧，只表现戴奥尼索斯（酒神——译注）的苦难，并且认为，戴奥尼索斯是唯一的演员。但是，我们也可以说，直到欧里庇得斯时，戴奥尼索斯依旧是戏剧中唯一的主角，所有希腊舞台上著名人物，如普罗米修斯、俄狄浦斯等，都只是这个最早英雄的化身。所谓在这些化身背后隐藏着一个神的真实，说明了那些可敬人物备受钦仰的"理想"性格。有一个人——我记不起是谁——曾经说过，所有的个人，就其作为个人而言，都是喜剧的，因此都是非悲剧的；这似乎表示，希腊人根本不容许悲剧舞台上有个人出现。事实上，他们也必然是如此感觉的。观念与幻想之间柏拉图式的区别。在希腊人的气质中，根深蒂固。

《悲剧的诞生》

正因为有所谓的艺术以及美的行为、直观等，所以不能缺少一种生理学的预备条件——那也就是所谓的陶醉。首先，所谓的陶醉必须提高"全部机械"的兴奋，否则的话，不能成为艺术。

不管受限制的条件如何的不同，所有种类的陶醉都拥有其力量。尤其是性方面的陶醉，可说是最古老、最有着根本的陶醉形式。

同样的，巨大欲望、强烈热情的陶醉也非常地美。例如：祭典、竞赛、冒险、胜利，以及所有极端运动的陶醉，都属于同一类。

除此之外，还有虐待的陶醉、破坏的陶醉。

受到某种气象影响的陶醉，例如——春的陶醉。

或者麻醉剂影响之下，所引起的陶醉。

也有意志的陶醉，精神郁结而获得解脱的陶醉。

陶醉的本质性特点，在于力气的高昂感以及充实感。在这种感情的阶段，人们会"送东西"给事物。而且还会强制事物接受我们

尼采的箴言

的东西——也就是对事物施以暴力。我们称这种过程为理想化。

所谓的理想化，并非如一般人所想象似的，只要去除枝叶一般繁杂的东西，就可以见到本质，而是必须使用猛烈的手段，以便把主要的特征驱策出来。为此，其他的特征必须销声匿迹。

《偶像·游击》

自信·自强

去测试那些最富生产性的人的生涯,和最富饶的民族,并反问自己——"一棵骄傲地向天空生长的树,是否能免于暴风雨的侵袭?"

纵有外界的冷落与反对,如果能形成一个具刺激性,甚至于德行有利的环境,那么各种的憎恨、嫉妒、顽固、怀疑、严酷、贪婪和暴力,难道不属于这个"有利"的环境?

毒药能摧毁一个虚弱的心灵,但对于强者而言,却是一剂强心剂——强者可不把它当成毒药呢!

《知识》

一天,流浪者关上门,站在门后哭了,说:"求真、求实、求内在的、求良知的癖性和热情是多么讨厌啊!这个忧郁而热情的驱动者为何老跟着我？我需要休息，可它不答应。许多东西并不能引诱我在此停留！到处有我的乐园，所以，我的心一再被撕裂，一腔无穷的辛酸！我必须继续迈开这疲倦的、伤痕累累的双脚，我必须前行，故而常常转头回望那些无法挽留我的至善至美的事物，不免有些怨恨——因为它们无法挽留我呀！"

《快乐的科学》

今天的人类——是未来人类的胎儿。换句话说，他们身上潜伏着未来人类目标的形成力量。对未来的规定愈多，心中的苦恼必然随之而增加，这便是苦恼由来的最佳诠释。形成力量也相互冲击着——被千万个体将个别化的谎言给欺骗了。事实上，一定有什么东西在个体的底下流动着。个体有自己独特的思考能力，是个体借以达到最后目标和整个追求过程中最大的驱策力量。个体为了争取众多个体的幸福，以另一个角度而言，是在破坏现阶段整体间的协和之后，再重建最大的协和力量。

《权利》

"我已做了这件事。"我的记忆说。我曾不能做这件事——我的自豪说，并且保持为无情的，最后，记忆让步了。

《善恶彼岸》

就因为唯有人类才有烦恼，所以他们不得不发明"微笑"这种东西。就因为人类是最不幸、最忧郁的动物，所以他们也是最快活的动物。

《权力》

走出第七个孤独——有一天，流浪者关上身后的门，静静地站了一会儿，然后低声地哭泣。他说："噢！欲望和冲动都趋向真实，虽然不能以肉眼察见，却是那么确实！它是多么令我厌恶啊！为何这个多愁善感的枷锁要紧跟着我呢？我想稍事休息，可是它却不答应。没有什么值得我多流连！凡是我的阿米达的花园存在之处，就会有新的离别感伤！我必须迈步向前行进，直到精疲力竭，我的内心驱策着我，我只得对那些无法挽留我的最美丽的一切，投以无情的一瞥——它再也无法挽留我了！"

《知识》

尼采的箴言

追求深刻的感觉和美好的尝试,习于向最富于理性的一面挑战,就如离一道最适合教徒们口味的佳肴一般。祝福每一个坚定、勇敢而无畏的灵魂,能以恬静的眼神和坚定的脚步,走完人生的旅程;随时准备迎接任何恶劣的打击,就如同接受一顿丰盛的飨宴。对那尚未被人发现的世界和海洋,能怀抱憧憬与希望;去欣赏一场令人鼓舞的音乐,犹如一位勇者、士兵或航海家在稍作休息,舒展一下筋骨,则当最大的喜悦降临时,所有的悲伤和抑郁也将一扫而空。有谁不想拥有这份喜悦呢?那是荷马(Homer)的喜悦啊!他为希腊人与自己创造了上帝与诸神——无可讳言的,这便是他自己毫无保留的心态!——如果一个人心中充满了这种荷马的喜悦,则他也将同时陷于世上最痛苦的深渊当中!因为唯有付出这样的代价,才得以在受千古的浪淘冲袭的海岸上,取到最宝贵的珍珠。

《知识》

在一个人的心目中,他只爱自己的孩子和工作。伟大的自爱乃是孕育事物的预兆。

《查拉Ⅲ 意外的幸福》

……建设那跨越你自己生命之河的桥，非得自己动手不可。世上似乎有很多为你搭好的桥梁和捷径，但却都是陷阱，不可不提防着啊！如果你误陷该处，将永无翻身之日。在这个世界上，总有一条除了你以外，别人是无法走的路。途中千万别寻问路究竟通向何方，只顾走下去吧！是谁曾说过："你绝不可能不知道自己走的路是往何处去的。"

《反时代的Ⅲ》

啊！用你炽热的枪矛，

溶解我内心四周的寒冰，使它不再颤抖——

操纵你行为的，便是思想啊！

不管你怎么称呼它！

即使它隐藏在黑暗的角落，也是极可怕的东西哦！

《亚里安德烈的叹息》

生命想用石柱和阶梯筑高自己，好眺望迤丽的远方和幸福的美景。

为了升高，必得需要阶梯，也就免不了阶梯与攀登者之间变动差异的矛盾！要提升生命，且在提升中超越自己的生命。

《查拉Ⅱ　毒蜘蛛》

想不同流合污，不沉溺于世界潮流中的人，只要能放弃安逸的环境便可以达成。"成为你自己吧！你现在的所作所为、一切思想、欲望，并非你本性所须。"只要能顺从自己的良心，必有所获。

你那青春的灵魂，日夜为你的所作所为颤抖，因为你的灵魂害怕自己在世纪大审判时，未能获得幸福。只要它一日不能从世俗低劣恐怖的枷锁中获得解放，幸福是不可能降临在那可怜的灵魂身上的。人生若不能从时代的枷锁中解放，活着也只是在呼吸而已，丝毫不具意义。

从没有比那些不事修养自己灵魂，却四处游荡找寻别人缺点更令人讨厌的生物了，这些人终将为人所唾弃。他们是内心已腐蚀得只剩下一层表皮的生物，在宽松、装饰华丽的表皮下空无一物，更恐怖的是，在这里说不定还有一个虚伪的灵魂。

《反时代的Ⅲ》

你的良知在说什么？——"你要成为你自己。"

《知识》

你们觉得粗活和一切新奇的东西都很可爱。你们受够了自己。你们拼命地工作，却只是自我逃避罢了！如果你们能信仰生命，就不会自弃于一念之间了！

《查拉Ⅰ　死亡的说教者》

"回复自我"（引用自希腊诗人品达的诗）这句话往往只适用于某些少部分的人，而且，对于这些少数人当中更少数的人而言，这句话往往是多余的。

《人间的时代遗稿》

我们是一群崭新的、无名的、难以理解的产品，同时也是未曾试验过的初级品。总之我们需要新的目标和手段，也就是一个比过去更强壮、更敏锐、更坚韧、更快乐、更有胆量的健康。

这种人渴望去体验各种被认可的价值和希求，并且要航遍理想的"地中海"一周。从这样的个人之冒险经验中，他想知道当成为其理想的征服者之时内心会有什么样的感受——就像那些艺术家、圣者、使徒、立法者、学者、先知、奉献者以及反叛旧形式、旧习俗的人所曾经感受过的一样。我们追求理想的目的就是要达到"伟大的健康",并且还要不断地追寻下去,因为我们会不断地将它奉献出来,而且势必如此。

现在,我们这些追求理想的冒险者,其勇气远胜于谨慎,丝毫不在意翻船的危险,故而我们比其他一般人更为健康。我们涌向一片尚未开发的领域,没有人知道它的界限,其中充满了华丽、诡异、疑难、怪奇和圣洁,使我们的好奇心和欲求有如脱缰之马,不可控驭。天哪!再也没有任何东西可以满足我们无穷的欲念了。在经过这样的体验和意识的探索之后,我们又怎么会以身为现代人而满足呢?我们用窃自暗笑的态度来看现代人最引以为自豪的理想和希望,对之感到既遗憾而又无奈,或许我们再也不会去看它们一眼……

《快乐的智慧》

和怪物战斗的人,小心!别让自己也变成那个怪物了。探头看那深渊时,自己也将被深渊所吞噬。

《彼岸》

你们所能遇见的最大敌人乃是你自己，你埋伏在山洞和森林中，随时准备偷袭你自己。

你这个孤独者所走的，是追求自我的道路！

你应该随时准备自焚于自己的烈焰中。倘若你不先化为灰烬，如何能获得新生呢！

《查拉Ⅰ 创造者之路》

这人生，如同你现在生活着的和曾经生活过的，你必须再生活一次以至无数次；其间不会有新东西；但是每种痛苦与每种快乐，每一思考与每一叹息，以及你生涯中的一切大事与小事，你都得重新经历一番，而且一切都遵循着同一顺序。如同这蜘蛛与这些树间的月影，如同这顷刻与我自己。生存之永恒的计时沙漏总是重新颠倒过，而你却与其在一起，你这微尘之微尘！

《快乐的智慧》

有福之人便是那些健忘者，因为他们同时也忘却了他们的愚昧。

《善恶彼岸》

尼采的箴言

我们作为认知者，对自己一无所知：这是有充分理由的。我们决不曾探究自己——我们应该永远寻找自己，这怎么会实现呢？

《道德的世系》

有些孔雀在一切眼睛面前隐藏了其孔雀尾巴——这叫作自豪。

《善恶彼岸》

如果所谓的"认识自己"——即"理性"——是我们走向毁灭的原因，那么自弃、误解、蔑视、心胸狭隘、庸俗，往往就是理性的本身。

整个意识的表面——因为意识就是一个表面——必须没有任何重大的强制性。更要当心发生在你四周的每一个显著的行动！

"认识自己"的本能太快，往往会陷自己于极端的危险当中。而那具有组织力、掌握着至权、不负自己使命的"意志"，将从内心深处渐渐茁壮起来——它将产生支配的作用，慢慢地将你从离失和偏误中引回正途。它赋予一个人各种性质和能力，而这些性质和能力有一天将成为你整个事业中不可或缺的助力——在主要事业的"目标""目的""意义"透露一点消息之前，它会慢慢地培养一切有用的能力。

《查拉Ⅰ 三种变化》

这个人之所以进出左邻右舍，乃是为了寻找自己；而别人之所以进出左邻右舍，则是为了摆脱自己。你们那谬误的自爱，使你们的孤独形成一座监狱……倘若你们想被朋友那颗洋溢的心所爱，就当知道如何使自己成为一块海绵。

《查拉图斯特拉如是说》

一个人如何成为他现在的情形——要承认一个人成为他现在情形的这个事实，必须先假定他此刻的情形是没有掺杂任何一丝怀疑。从这个观点来看，一个人生命中所产生的差错，也有其独特的价值。换言之，纵使一生中有暂时的离失和偏误，纵使心神是浪费在那些远离中心目标的犹豫、懦弱和虚伪的"谦逊"上，也都有其独一无二的意义和价值在里面。在那些错误里，极可能产生伟大的智慧，甚至最高智慧的机会。

《查拉Ⅰ 三种变化》

尼采的箴言

自信的人并不多,在少数自信者中,有些人的自信实际上是盲目的——有益的盲目——或者思想不清晰。(倘若他们看穿自己的底细,不知会做何感想!)

另一些人无论做什么,好事也罢,大事也罢,首先务必同潜藏于内心的怀疑者争论一番,直到说服这个怀疑者,他们才获得自信。不过这样做是需要几分天才的。这是一些不自满的人,很了不起。

《快乐的科学》

或者只要是真理之水,尽管它污秽,也要纵身跃入?无论是美丽的青蛙或是丑陋的癞蛤蟆,我们都要包容不弃?

或者是要爱那些轻蔑我们的人,并且要和那些可怕的恶魔交手言欢?

有担当的人自己承担了这些重责大任,面向自己的荒漠急趋而去,犹如一头满载重负的骆驼,急步迈向荒漠。

然而就在这最荒凉的沙漠中,第二种变化产生了。此时,精神变成了一头狮子,它野心勃勃地想争取自由,并成为荒漠中的主宰。

它找寻最后的主人,打算与这位主人以及最后的上帝为敌。它要与那头巨龙斗强并争取胜利。

《查拉I 三种变化》

有一天，煤炭对钻石说："你为何如此坚硬呢？难道我们不是近亲吗？"

为何如此柔弱呢？噢！兄弟们。我如此问你们，你们——不是我的兄弟吗？

为何如此柔弱、顺从而退缩呢？为何在你们的心中，有那么多的否定和自抑？又为何在你们的眼中，那么缺乏命运的影子？

你们不愿作为命运的化身和"无情者"，将来怎能与我一起从事征服的工作呢？

你们的坚硬，若不足以将一切割成碎片并发出火光，将来如何与我一起从事创造的工作呢？

创造者本来就是强硬的。你们应当觉得，如果能将手，如印在蜡上般地印在千年的世代上，乃是一种福祉——如镌刻在铜上一般地，将文字刻在千年的意志上，不是一种福祉吗？——比铜更坚硬、更高贵。只有最坚硬的东西才是最高贵的。

噢！兄弟们。我将这个新匾悬在你们的头上——"变得更强硬吧！"

尼采的箴言

《查拉Ⅲ 新旧之板》

朋友们，在我们年轻的时候，不知会吃过多少苦。青春对我们而言，是一个痛苦且沉闷的时代。

这都是因为我们生不逢辰——我们生于一个内部已颓废且分崩离析的时代。它不但对于弱者，甚至对于一个强者而言，都是一个无法承受的压力。

这个时代的特性是——分裂。这个时代再也没有真实感了。人们再也无法找到自信以立足于这个世界。每个人能生活在"明天"里，然而这些人再也没有明天。

我们走过的每一寸土地，都充满着危险——我们如履薄冰地走在这个世界。

路上，徐徐暖风迎面而来——我们走过这段路之后，说不定再也无人可通行了。

《权力》

爱情·友情

　　我的姑娘，请你今天晚上写一封信给我，我也将再写信给你。在这儿请你鼓足心中的勇气，不必害怕，我向你提出一个问题：你愿做我的夫人吗？我爱你，并且把你看作属于我的了。请不要说我的情绪是突如其来的。这至少不是一桩可责怪的事，也无须请求加以原谅。但我想知道，是否你和我一样感觉到我们绝不生疏？你不相信我们结合后会比单独的生活要更自由些，更幸福些吗？和我这样一个在一切生活和思想领域都要求自由和改造的人一道奋斗，你有这个胆量吗？

　　现在请你坦白些，不必有所隐瞒。除掉我们共同的朋友S君以外，没有人知道这封信和我们的问题。明天上午11点我将乘快车回巴塞尔，必须回去，今特将我在巴塞尔的住址一并附上。如果你能答应我的要求，请你将你母亲的住址写给我，我马上就写信给她。

尼采的箴言

请你快些决定，同意还是不同意。最好到明天中午10点钟之前，我在旅馆中能得到你的书面答复。

1876年4月11日于日内瓦

《尼采致一位荷兰女郎》

贪婪和爱情，对于这两个概念，我们的感觉是多么不同呀，然而，这可能是同一个欲望的两种说法罢了。

一种说法是从已经占有者的立场出发的，在他们，欲望已呈静止状态，而只为"占有物"担心；另一种说法是从贪得无厌者和渴望者的立场出发的，所以将其美化为"好"。我们的博爱，它难道不是对新的财产的渴望吗？同样，我们对知识、对真理的爱，以及对新奇事物的追求是否也是这样呢？

《快乐的科学》

出于爱情而被做的东西，其发生总是超出善和恶。

《善恶彼岸》

爱情使一个爱者的许多高贵的和隐蔽的特性暴露出来——他的

少有的东西，例外的东西：在这一点上，爱情容易低估在他那里的普通的性格。

《善恶彼岸》

只因我们对陈旧之物、对已占有之物慢慢感到厌倦，于是伸手去攫取新的。即使风景绝佳之地，我们只要住上三个月，就不再为我们所钟爱，而某处遥远的海滨则刺激起我们的贪欲。占有之物因为占有而变少了。我们对自己本身的兴趣总是由于这兴趣在我们身上变花样才得以维持，这也叫占有。一旦我们对占有物产生厌倦，也就对自己产生厌倦。（人们也可能因为占有太多而痛苦，把占有物抛弃或分给他人，可冠上"爱"的美名。）当我们看见某人受苦受难，就乐于利用此时的契机，攫取他的占有物，一如慈善者和同情者所为——这些人把获取新的占有物的欲念称之为"爱"，其欢乐心绪就好比参加一次向他们招手的新的征途。

《快乐的科学》

她爱他，从此对他深信不疑，像一头母牛默然呆视，满腹心事。痛苦啊！

她完全变了,变得不可理喻,这恰恰使他心醉神迷!他的个性却很稳定!她难道不会对自己的个性进行伪装吗?佯装冷酷无情吗?爱情难道不是这样忠告她吗?喜剧万岁!

《快乐的科学》

一代代人的爱情最明显地表现为对占有的追求。情郎总想绝对占有渴望得到的女人,也企盼对她的灵魂和肉体拥有绝对的权力,他欲单独被爱,欲作为至高无上的、最值得渴慕的人驻留和统御在女人的灵魂里。这着实意味着把所有的人排拒在珍贵的美好、幸福和享乐之外。这个情郎旨在把别的情敌搞得一贫如洗,让自己成为金库的主人,成为"征服者"和剥削者队伍中肆无忌惮和自私至极的人,别人对他来说是可有可无、苍白而无价值的,他随时准备制造牺牲,扰乱秩序,无视他人的利益。想到这些,人们不禁感到奇怪,这种疯狂的性爱贪欲和乖戾何以在历史上被大肆美化、圣化,以致人们从中获得的爱情概念居然是:爱情与自私是对立的,实际上呢,这爱情恰恰是货真价实的自私的代名词。对于这个说法,一无所有的人和渴望拥有的人还颇有微词哩;而那些在爱情方面被恩赐许多占有物因而也得到满足的人,比如在所有雅典人中最值得爱和被爱的索福克勒斯，有时也不免对爱情骂一声"疯狂的恶魔"，然而，爱神厄洛斯随时都在笑话这类渎神者——恰恰是他们，一向是爱神最伟大的宠儿。

《快乐的科学》

当然，在世界上到处存在一种爱的延续。在延续中，两个人的渴求指向另一种新的渴求，指向共同的更高的目标，即位于他们上空的理想。可是，谁熟悉这种爱情呢？谁经历过这种爱情呢？它的正确名字叫友情。

《快乐的科学》

女人无条件放弃自己的权利，这激情的先决条件是男人不要有同样的激情，不要有同样的放弃。倘若双方都为爱情而放弃自我，我真的不知道会出现何种结果，也许是人去楼空吧？女人希望男人把她当作占有物接受，希望完全献身于"被占有"，故而期盼得到一个接受她的男人，而这男人又不付出什么，相反只应使他变得更丰富，亦即经由女人的奉献使他的力量、幸福和信念不断增强。我想，"女人奉献男人接受"这一理所当然的矛盾，人们是不可能通过任何

尼采的箴言

社会契约、也不可能经由要求平等的良好意愿而超越的,那么,符合心愿的倒是,不要老是把这一矛盾的冷酷、可怕、难于理喻、不道德等属性置于眼前,因为从全面考虑,爱情乃是天性,大凡天性总是有点"不道德"的。

《男女对爱情的偏见》

感性常常使爱情的生长仓促进行,以至于根总是虚弱的,很容易被拔出。

《善恶彼岸》

男人创造了女人——从何而创呢?

从他的神——他"理想"中的肋骨

《偶像·箴言和箭》

脸——就只有一张脸的女人,除脸之外,她身上再也找不到丝毫的内涵;而那些明知她与魔鬼没有两样,且有着永无止境的欲望,却依然和她交往的男性,也未免太可怜了。但是,能够满足男性的愿望,给予男人最大刺激的,却又非这种女性莫属。男人为她寻找灵魂——且一直地找下去。

《人性的》

能够承诺的东西——行动可以承诺，感情则无法加以承诺。

毕竟感情这种东西太复杂了。一个人如果向谁承诺要永远爱他、永远恨他，或永远对他忠实，这明明是在虚应别人一项自己无法做到的事情。

但是，如果另有别的企图时，表面上，他依然可以终生地爱你、恨你和对你忠诚，因为在同一种行动当中，可能包括着为数可观的动机。

答应人要一辈子地爱他，不只是爱，还得要有爱的行动；亦即纵使不再爱了，由于别的企图，说不定依然会同样地有爱的表现。于是，在别人的脑海中，这一份爱仿佛是永远不变。

换句话说，当有人指天发誓说他对你的爱此生不渝时，他是在发誓说他永远地在表面上爱你。

《人性的》

爱情甚至宽恕被爱者的过分的情欲。

尼采的箴言

《快乐的科学》

两性彼此低估,理由是,他们在根本上只尊重和热爱自身(或他们的自己的理想,为了把它更使人喜欢地表达出来)。因此,男人希望女人是安宁的——但是,恰恰女人基本上是不安宁的,像猫一样,女人巧妙地装出安宁的样子。

《善恶彼岸》

在报复和爱情中,女人比男人更野蛮。

《善恶彼岸》

忠告作为谜。——"如果桎梏没有挣断。——你必须首先咬紧它。"

《善恶彼岸》

我曾听到的最贞节的话:"真正的爱情在于心灵,它覆盖到肉体。"

《善恶彼岸》

在古代，友情被视为最高的情操，高于知足者和智者的自尊心，比自尊心更神圣。这，可以从马其顿国王的一则故事中得到充分说明。

这国王捐钱给雅典一位玩世不恭的哲学家，结果钱被退了回来。"怎么？"国王问，"他难道没有朋友吗？"

这话的意思是："我敬重智者和独立处世者的自尊心，但是，如果在他心目中朋友的分量胜过自尊心的话，我会更敬重他的人格。哲学家要是不懂得两种感情孰重孰轻，那么，他在我面前就自我降格了。"

《快乐的科学》

我们曾是朋友，但时下形同陌路。事实确也如此，用不着隐瞒和佯装，好像羞于言及似的。

我们是两艘船，有各自的目的地和航线。我们可能在航行中交会，同庆节日，而且已经这样做了。此后，两艘勇敢的船只静泊于同一个海港和同一个太阳下，看似二者皆达目的。

然而，我们各自的使命有着强大无比的力量，它旋即驱散我们至不同的海域和航线，或许，我们再也无缘相会了；或许，纵然相会也彼此不复相认，因为不同的海域和阳光已把我们改变了！

我们彼此必然成为陌生人，这是控驭我们的铁则！唯其如此，我们彼此应该更加尊重才是！对往昔友谊的忆念应该更加神圣才是！肯定会存在茫无际涯的曲线和星儿运行的轨道，我们各自的航线和目标仅为其中一个短距离罢了。让我们把自己升华至这一理念吧！

《快乐的科学》

朋友是这三位一体：患难中的弟兄，大敌当前的同志，视死如归的自由人！

《赫拉克利特主义》

一切人间的幸福，朋友，都得自斗争！

《赫拉克利特主义》

无论是谁，人总是拥有自己的权利。

《人性，太人性了》

在人类中间不愿死于焦渴的人必须学习着饮下一切的酒杯；那

在人们中间要保持清洁的人必须知道怎样在污水中洗濯了自己。

《查拉图斯拉如是说》

在和羞于表达感受的人们交往当中，一个人必须要会掩饰、装糊涂。

《快乐的科学》

尼采的箴言

婚姻·家庭

婚姻生活犹如长期的对话——当你要迈进婚姻生活时，一定要先这样地反问自己——"你是否能和这位女子在白头偕老时，仍能谈笑风生?"婚姻生活的其余一切，都是短暂的，在一起的大部分时光，都是在对话中度过。

《人性的》

恋爱时，要当自己是近视眼——要治愈一位陶醉在爱河中的男性，往往只要给他一副深度眼镜就够了。如果一个人能够预见二十年后的情景，他们的婚姻一般来说，是可以维持幸福的。

《人性的》

我所谓的结婚，乃是以两个人的意志去创造一个凌驾他们之上的人；我所谓的结婚，是能互相尊重，亦即具此意志者的互相尊重。

《查拉Ⅰ 孩子与婚姻》

恋爱结婚——是指将错误当作父亲，将不得已的必要当作母亲。

《人性的》

把男人和女人作整体的比较，人们可以说，如果女人没有第二作用的本能，那么，那么她就没有装饰的天才。

《善恶彼岸》

舞台一致的戏剧——如果夫妻分居的人多的话，将会有更多美满的婚姻。

《人性的》

双亲将继续活下去——双亲中那些性格不合的事实，将会在儿子的性格中表露无遗，且将成为他一生中无法磨灭的受难史。

《人性的》

我们对于那些无法开启思潮的人，就顺其自然吧！

唯有在怀孕的时候，才是两个心灵可以完全沟通的时候。

《查拉时代遗稿》

尼采的箴言

有道理的无道理——每当生命成熟到有悟性时,他会开始认为父亲不该生下他来。

《人性的》

父亲所隐讳的,往往会从儿子身上流露出来,我常从一个人的儿子身上,找到他本人不为人知的秘密。

《查拉II 毒蜘蛛》

一个人的性的程度和方式向上伸展到他的精神的最后的顶峰。

《善恶彼岸》

甚至婚外恋也已被婚姻所腐蚀。

《超越善恶》

多数瞬间的愚行——你们管它叫恋爱。于是,你们的婚姻在转瞬之间就谱上休止符。其实,那是一种长期的愚蠢行为。

《查拉I 孩子与结婚》

甚至婚姻也使非法同居道德败坏。

《善恶彼岸》

友情与结婚——最好的朋友,大概总可以娶到最好的妻子,因为良好的交友手腕和结婚,有着不可分割的关系。

《人性的》

兽类对雌性的看法有异于人类,视雌性为专司生产的实体。兽类不存在父爱,但存在对幼仔之爱并习以为常。在幼仔身上,母兽可满足其统治欲,幼仔是财产,是劳作,是理所当然的东西,人们总是喋喋不休地谈论这理所当然:这一切就构成母爱,母爱可以用艺术家对其作品的爱来比拟。

怀孕使雌性变得更温柔、更满怀期待、更恐惧、更顺从。同样,思想的受孕也会产生静观默察的特性,这特性与母性相类——不过是充满阳刚之气的母性。动物以雄性为美。

《快乐的科学》

尼采年谱

公元纪年	年龄	记 事
1844		10月15日，生于普鲁士的洛肯。
1846	3	妹妹伊莉莎白诞生。
1849	6	父亲卡尔·尼采去世。
1854	10	进诺姆堡文法学校学习。
1858	14	获普福塔中学奖学金。
1864	20	在波恩大学、莱比锡大学读书。学习世界语文学。
1867	23	到部队当炮兵。
1869	25	任巴塞尔大学教授。
1870	26	爆发普法战争，从军，当看护兵。
1872	28	发表《悲剧的诞生》。
1873	29	患胡言乱语症。发表《反时代的考察》第一篇。
1874	30	发表《反时代的考察》第二及第三篇。
1876	32	发表《反时代的考察》第四篇。
1877	33	请假到外国疗养。
1878	34	发表《当于人性、太当于人性》第一卷。

公元纪年	年龄	记　事
1879	35	辞掉大学教授职务。发表《当于人性，太当于人性》第二卷，第一部《种种的意见及箴言》。
1880	36	发表《当于人性，太当于人性》第二卷，第二部《漂流者与其影子》。
1881	37	发表《曙光》。
1882	38	发表《快乐的科学》又名《快乐的知识》第一至第四卷。
1883	39	发表《查拉图斯拉如此说》第一、二部。
1884	40	发表《查拉图斯拉如此说》第三部。
1885	41	发表《查拉图斯拉如此说》第四部（自费出版）。
1886	42	发表《善恶的彼岸》及《快乐的科学》第五卷。
1887	43	发表《道德系谱学》。
1888	44	发表《华格纳的场合》《偶像的黎明》《瞧这个人》《尼采对华格纳》。
1889	45	1月3日发狂。
1894	50	妹妹着手《尼采全集》（十九卷）的出版工作。
1897	53	母亲逝世。
1900	56	8月25日在魏玛逝世。